한국상고사의 주체적 연구 총서 Ⅱ

中國 遼陽地域의 壁畵古墳

서영대

인하대학교 주체적 연구총서 Ⅱ
연구책임자 : 서영대
공동연구원 : 조우연, 이성규, 김락기, 이용성, 박성우, 양홍진, 우장문, 복기대

"이 도서는 2010년도 정부재원(교육과학기술부 학술연구지원사업비)으로 한국학중앙연구원의 지원에 의하여 연구되었음(AKS-2010-AGC-2101)"

中國 遼陽地域의 壁畵古墳

지 은 이 | 서 영 대
펴 낸 이 | 육 락 현
인 쇄 | 세종기획인쇄

인쇄 | 2016. 11. 21
발행 | 2016. 11. 30.

등록번호 제2-1125호
등록일자 1991. 2. 11

펴낸곳 | 백산자료원
㊝ 100-193 서울시 중구 을지로 3가 334-1
TEL : (02) 2267-2090 FAX : (02) 2267-7710
http : //www. paeksan.com
E-mail : gando2090@naver.com

값 17,000원
ISBN 978-89-6194-040-5 93910

* 파본은 교환하여 드립니다

표지 사진
〈좌; 三道壕一號墓 夫婦對坐圖〉
〈우; 棒台子1호벽화묘 前回廊〉

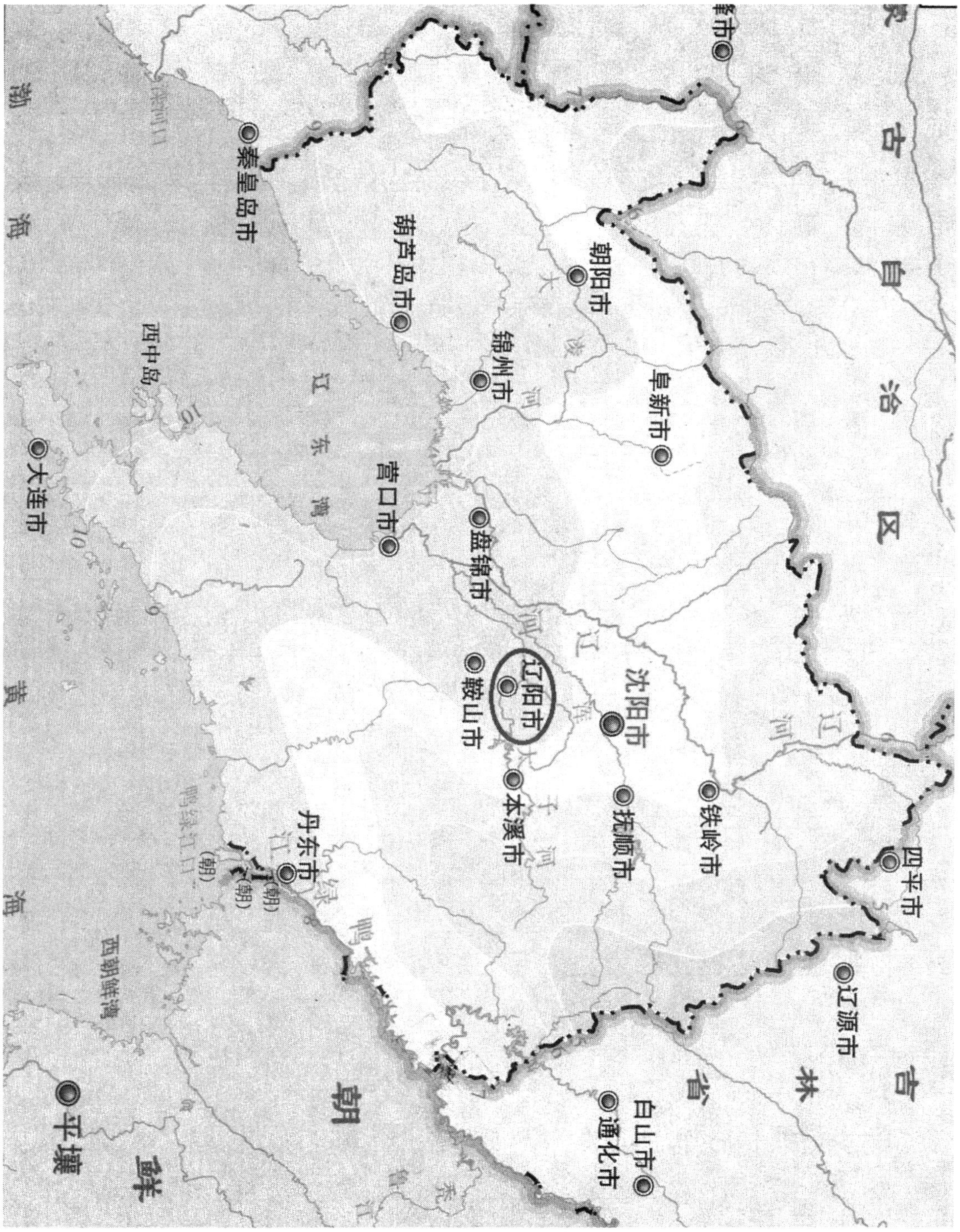

秦皇岛市
葫芦岛市
朝阳市
锦州市
阜新市
营口市
盘锦市
辽阳市
鞍山市
沈阳市
本溪市
抚顺市
铁岭市
丹东市
大连市
四平市
辽源市
白山市
通化市
平壤
辽东湾
西中岛
西朝鲜湾
渤海
黄海

요양시 위치

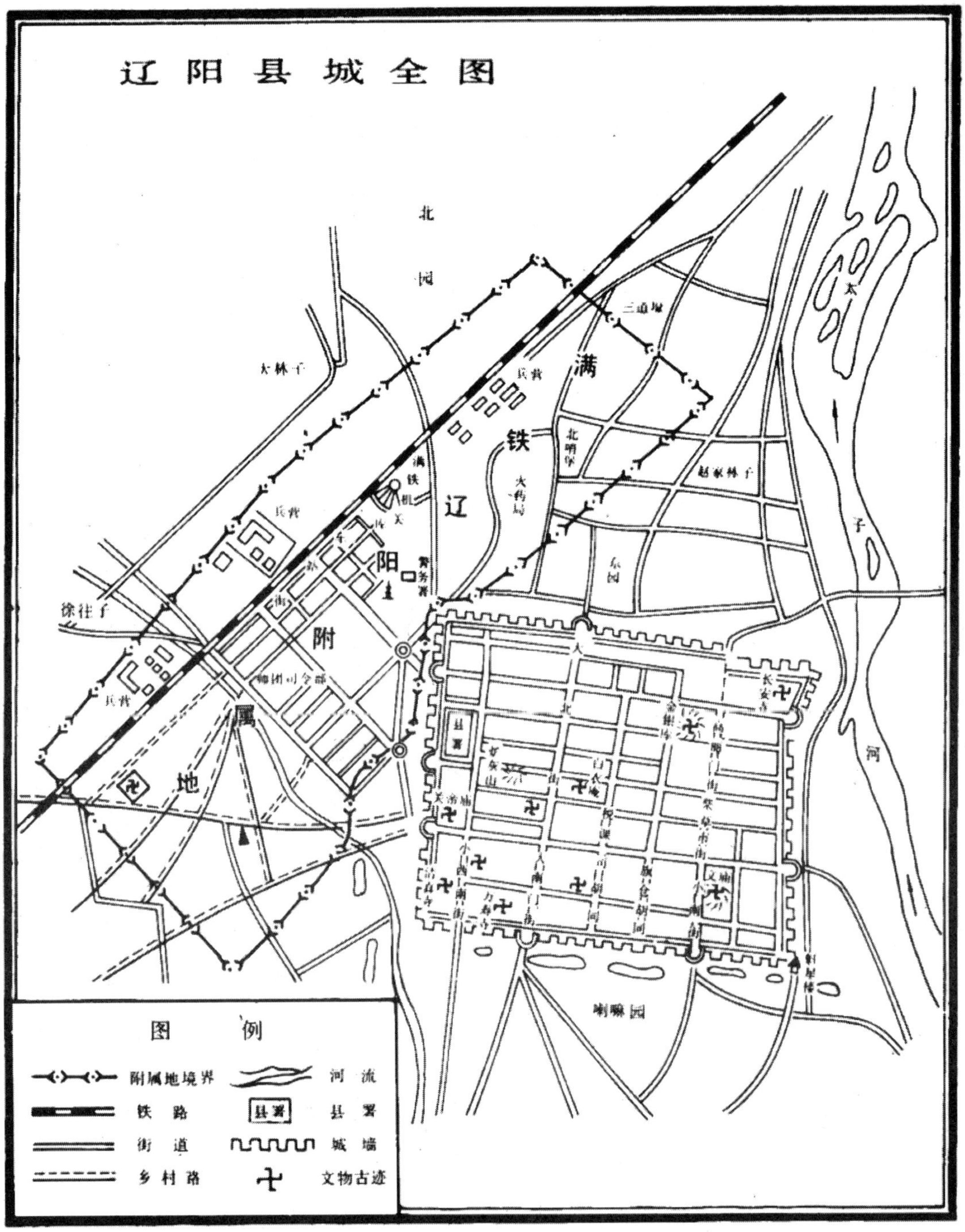

资料来源：1927年出版的同名图，比例尺1：100000。现比例尺1：40000。

1927년의 遼陽縣城全圖

辽阳市

比例尺 1:550000

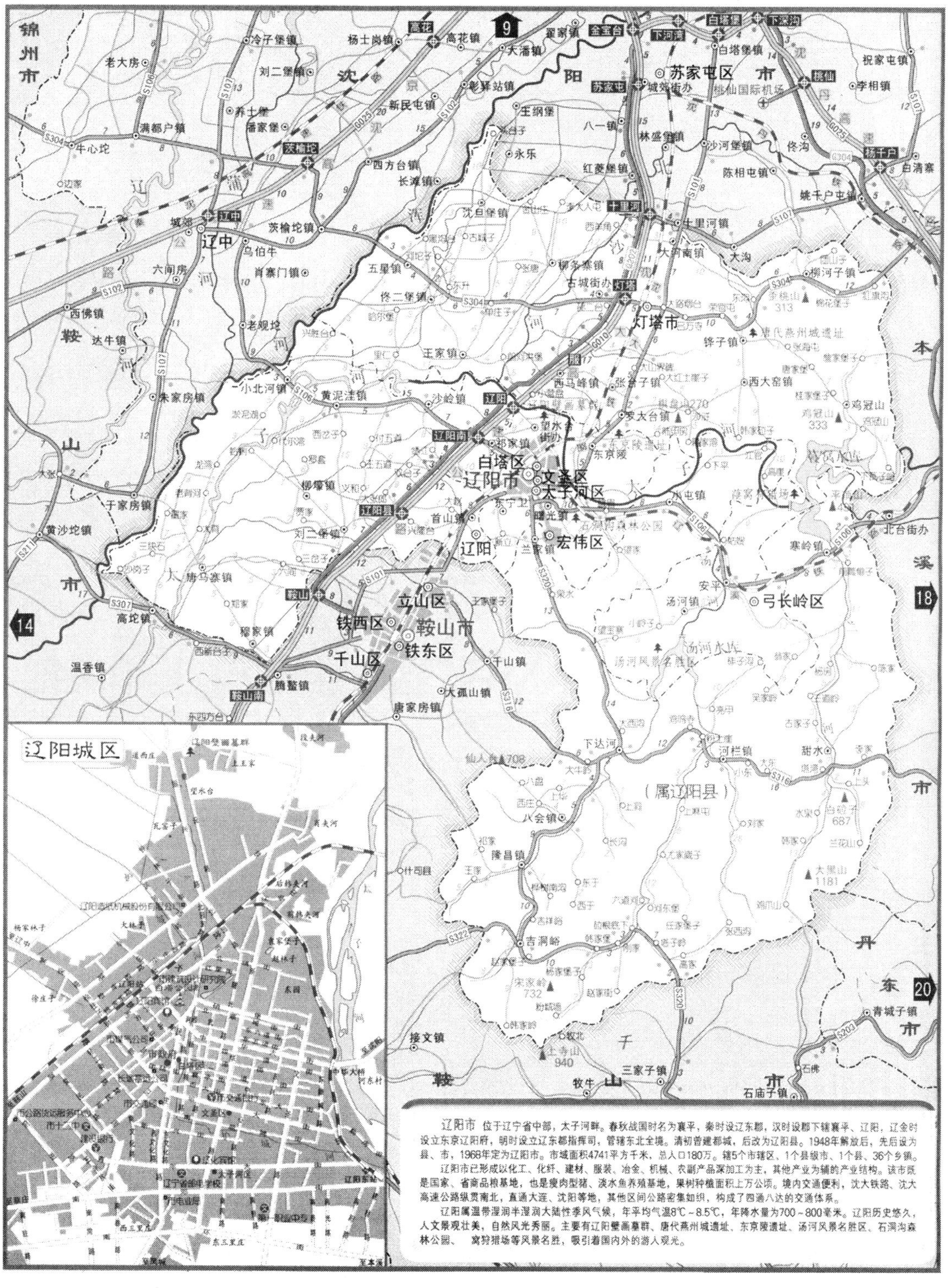

遼陽市 지도(1 : 550,000)

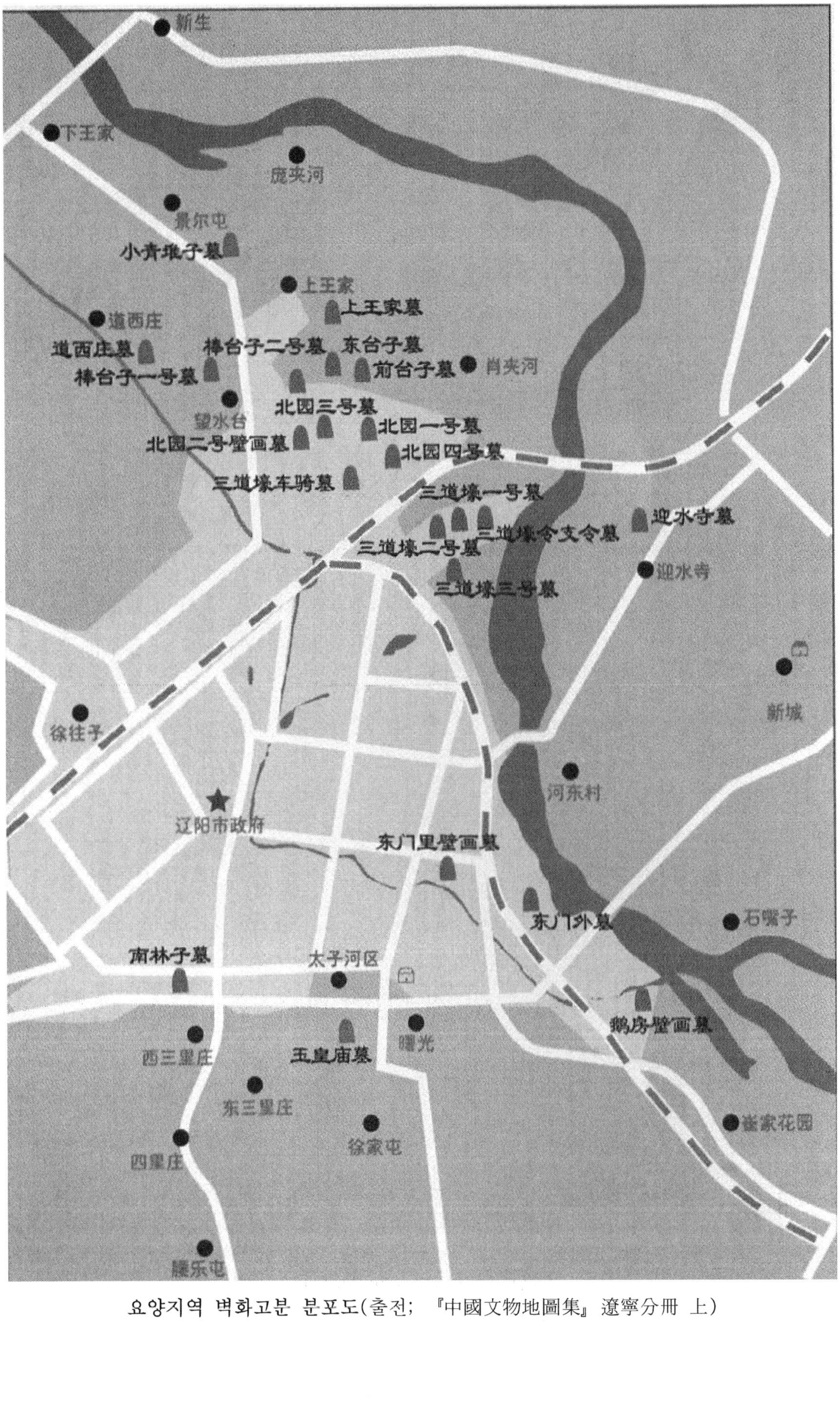

요양지역 벽화고분 분포도(출전; 『中國文物地圖集』 遼寧分冊 上)

목 차

Ⅰ. 머리말

이 책은 인하대학교 상고사 팀이 수행한 '한국상고사의 주체적 연구'의 결과물의 하나로, 중국 遼寧省 遼陽지역의 벽화고분에 대한 답사 결과와 관련 자료를 정리한 것이다.

우리 팀이 요양지역의 벽화고분을 주목한 이유는 그것이 고구려 벽화고분과 관련이 깊기 때문이다. 요양지역은 고구려 벽화고분의 밀집지역인 집안과 가장 가까이에 있는 또 하나의 벽화고분 밀집지역이다. 또 요양지역은 광개토왕(391~412) 무렵부터 고구려의 영역으로,[1] 당시 요동성의 모습은 고구려 요동성총에 벽화로도 남아있다. 그래서 요양지역에서 벽화고분의 존재가 처음 알려지기 시작했을 무렵에는 그것이 고구려의 유적이란 설이 대두되기도 했다.[2] 이후 벽화고분의 발견 예가 증가함에 따라 고구려 설은 부정되고 현재는 중국 한위진대의 것이란 견해가 통설이 되었지만, 고구려의 벽화고분이 요양지역의 그것과 밀접한 관련이 있다는 점에서는 한·중·일을 막론하고 이견이 없다. 뿐만 아니라 고구려 고분벽화의 기원을 요양에서 찾는 견해가 유력하다.[3] 그러므로 고구려 고분벽화 이해의 일환으로 요양 고분벽화를 현지조사를 하기로 한 것이다.

조사팀은 서영대(인하대)·박성우(인하대)·김락기(강화고려역사재단)·조우연(당시 인하대, 현재 연변대)·김경화(인하대) 5인으로 구성하였으며, 현지조사에 앞서 관련 문헌자료를 수집하고 검토하였다. 그리고 현지조사는 2012년 8월 21일부터 25일까지 다음과 같이 실시하였다.

날짜		세부 일정
8	21	인천→沈陽, 塔山山城→鄭家窪子유적→新樂유적→石台子山城, 서점(자료 수집)
	22	소청퇴자묘→봉태자묘군→북원1,3호묘
	23	남설매묘→삼도호2호묘→삼도호영지령묘→삼도호3호묘→상왕가묘→영수사묘→남환가묘→동문리벽화묘→남교가묘군→아방벽화묘.
	24	요양박물관, 요양→대련, 大連漢墓博物館(자료수집)→영성자벽화묘→雙砣子유적→崗上·樓上墓
	25	여순박물관 벽화전시실(자료수집), 대련→인천

1) 『삼국사기』 권 18, 「고구려본기」6, '광개토왕 14년 춘정월 (後)燕王(慕容)熙來攻遼東'이란 기사로 미루어 광개토왕 때는 고구려가 요양 일대를 차지했음을 짐작하게 한다.

2) 塚本靖, 「遼陽太子河附近の壁畫ある古墳」, 『考古學雜誌』11-7(考古學會, 1921), 4쪽.
濱田耕作, 「遼陽附近の壁畫古墳」, 『東亞考古學研究』(岡書院, 1930), 426쪽.

3) 楊泓, 「高句麗壁畫石墓」, 『文物參考資料』1958-4; 『漢唐美術考古和佛教藝術』(科學出版社, 2000), 165~166쪽.
김용준, 『고구려고분벽화연구』(과학출판사, 1958), 25~26쪽.
김원룡, 「고구려 고분벽화의 기원에 대한 연구」, 『진단학보』21(진단학회, 1960); 『한국미술사연구』(일지사, 1987), 367~373쪽
주영헌, 『고구려 벽화무덤의 편년에 관한 연구』(과학출판사, 1961), 53~55쪽.
岡崎敬, 「安岳三號墳(冬壽墓)の研究」, 『史淵』93(1964); 『シルクロードと朝鮮半島の考古學』, (第一書房, 2002), 218쪽
大西修也, 「高句麗古墳壁畫起源試論」, 『九州藝術工科大學 一般基礎教育系列研究論集』4(1979), 21쪽.

벽화고분의 내부는 접근이 불가능하기 때문에, 조사는 무덤의 위치와 현황을 확인하는 것을 중심으로 진행되었다. 그러나 이마저도 쉬운 일이 아니었다. 문헌조사를 통해 무덤의 대략적 위치는 파악하고 갔지만, 구체적인 위치를 찾기는 쉽지 않았다. 그도 그럴 것이 태자하의 잦은 범람으로 말미암아 대부분의 봉분이 유실되어 지상에 흔적을 남긴 경우가 적기 때문이다. 그래서 거의 다 왔다고 생각되는 곳에서 인근 주민들에게 무덤의 소재를 물어도 모르겠다는 대답이 돌아온 경우가 많았으며, 심지어 무덤이 국가기간시설이나 개인의 집 안에 있어 접근이 어려운 경우도 있었다. 또 한적한 시골 마을에 나타난 외국인에 대한 경계의 시선도 우리의 답사를 어렵게 했다. 그래서 한 기의 고분을 확인하는 데도 예상외로 많은 시간이 소요되었다.

다행히 벽화고분 앞에는 중국 당국에서 세운 표지석이 있어 이것을 기점으로 조사를 진행하였다. 그러나 표지석이 있는 곳이 곧 무덤의 위치는 아닐 가능성이 크기 때문에 주변에 봉분의 흔적이나마 남아있는지를 살펴보았고, 사진을 촬영하는 한편 앞으로 이곳을 찾는 연구자들에게 도움이 될 수 있도록 GPS 좌표를 확인하였다.

이러한 과정을 통해 확인한 무덤은 모두 16기에 달한다. 그러나 단시일에 이루어진 현지조사는 무덤의 외형에 그친 것이기에, 요양지역 벽화고분에 대한 충분한 정보를 제공하는 것이 되지 못한다. 그래서 현지조사에다가 기왕에 나온 보고서에서 무덤의 내부구조나 벽화에 대한 부분을 첨가해서 나름대로 요양지역 벽화고분에 대한 자료집을 꾸며보기로 했다. 또 현장 확인은 못했지만, 앞으로의 연구에 조금이라도 도움이 될까하여 나머지 벽화고분에 대한 자료도 첨부하였다. 그러나 여러 가지 사정으로 말미암아 수집한 자료, 특히 컬러 사진을 모두 수록하지 못한 점이 못내 아쉬움으로 남는다. 부족하기 짝이 없는 결과물이지만, 수요가 있다면, 앞으로 보다 나은 모습을 보여드릴 것을 약속한다.

끝으로 이번 조사가 진행될 수 있도록 연구비를 지원해 준 한국학진흥사업단과 이 책을 만들어 주신 백산자료원의 육락현 사장님께 진심으로 감사의 말씀을 드린다.

Ⅱ. 요양 지역의 자연환경과 역사

遼陽은 遼寧省의 중부지대에 위치해 있으며, 沈陽에서 남쪽으로 60km 떨어져 있다. 동쪽으로 遼東의 산악지대에 접해 있고, 서쪽으로는 遼河平原에 닿아 있으며, 太子河가 도시를 가로 질러 흐른다. 요양시에는 遼陽縣과 燈塔市가 소속돼 있으며, 도시는 白塔區, 文聖區, 宏偉區, 弓長嶺區, 太子河區 등 다섯 구역으로 나뉜다. 도시 전체 면적은 4,744㎢에 달하며, 인구는 현재 기준으로 181만 명에 이른다.

1. 자연환경

1) 입지

현재 요양시의 지리적 좌표는 東經122°35′∼123°40′, 北緯40°42′∼41°36′이다. 도시 전체 면적은 4,744㎢이며, 동서의 길이가 92km이고, 남북의 길이는 100.3km에 달한다. 도시의 동남부는 千山山脈 서쪽 기슭 의 낮은 丘陵 지대이며, 동북부는 龍崗山脈이 끝나는 부분의 구릉 지대이다. 서부는 요하평원의 동쪽변두리지대에 해당하는데, 이 평원지대가 도시 전체면적의 약 45%를 차지한다. 요양시에서 북쪽으로 60km 떨어져 심양시가 있으며, 서남쪽으로 鞍山市와는 26km, 발해연안에 있는 항구도시인 營口市와는 125km 떨어져 있다. 서남쪽으로 더 나아가 요동반도의 최남단에 위치한 항구도시인 大連市와는 332km 떨어져 있다. 동쪽으로 79km 떨어져 本溪市가 있는데, 태자하가 그 곳에서 발원하여 서쪽으로 흘러 요양시를 가로 질러 발해에 흘러든다. 또 서북쪽으로 渾河를 사이에 두고 遼中縣과 台安縣이 위치해 있다.

2) 地勢와 地貌

요양은 요동의 낮은 산지, 구릉지대와 요하평원이 만나는 인접지대에 위치해 있다. 지세는 도시의 동남쪽 경계지역의 白云山에서 서북 경계지역의 渾河에 이르기까지, 비교적 높은 산지, 낮은 산지, 높은 구릉지대, 낮은 구릉지대, 평원지대의 순으로 점차 낮아지는데, 그 층위 구분이 뚜렷하다. 해발고가 천미터 이상에서 50미터 이하로 순차적으로 낮아지는데, 동남지역이 높고, 서북지역이 낮게 완만한 경사를 이루고 있다.

우선, 낮은 산지와 구릉지대는 주로 요양의 동부지역, 대개는 요양현과 등탑시 경내에 해당하는데, 해발고도가 500m 이상 되는 높은 산이 많이 분포해 있다. 이 지대는 도시 전체 면적의 약 35%를 차지한다.

다음으로 구릉지대는 대개 首山農場, 太子河區의 동부지역, 요양현 북부 태자하 남안 및 등탑시의 북부, 동부에 해당하며, 도시 전체의 약 20%를 차지한다. 이 지대의 해발고도는 대략 200m 전후이다.

그 다음으로, 평원지대는 주로 長大線(長春-大連) 철도의 이서지역, 下遼河平原의 동측에 해당하며, 도시 전체 면적의 약 45%를 차지한다. 이 지역 해발고도는 약 30m에서 5m이다. 평원지대는 하천에 의한 충적으로 형성된 충적평야로, 주로 혼하와 태자하 사이의 평원지대, 태자하유역의 평원지대, 태자하와 北沙河 사이의 평원지대, 태자하와 南沙河 사이의 평원지대로 구성되어 있다. 이 지역은 토양이 비옥하여 전통시대부터 농업 중심지로 자리매김해왔다.

3) 산맥과 하천

요양지역의 산지는 주로 동부와 동남부 경계지대에 걸쳐 남—북으로 뻗어 있다. 胡仙堂山, 大黑山, 摩天嶺 등 산봉우리들이 千山山脈 중부의 주요 支脈을 형성하고 있다. 이 천산산맥의 지맥을 중심으로 하여 동-서순으로 黑背正岔, 生鐵嶺, 大砬子, 老爺嶺 및 馬耳山, 歪桃山 등 여러 갈래 산맥이 분포되어 있다. 요양지역에는 크고 작은 산봉우리가 도합 166개에 달하는데, 요양현 경내에 126개, 등탑시 경내에 27개, 태자하구에 5개, 궁장령구에 5개, 굉위구에 2개, 문성구에 1개 있다.

요양은 수자원이 풍부한 지역으로, 생활, 농경, 공업용수를 자급할 수 있을 뿐만 아니라, 鞍山, 遼化 등 주변지역에 물을 공급하기도 한다. 경내에 5km 이상 규모의 크고 작은 하천이 85갈래 있는데, 그 중, 규모가 10km이상인 하천만 해도 29 갈래에 달한다. 이들 하천은 태자하와 혼하 양대 水系를 이루고 있다.

① 太子河 - 戰國時代에는 衍水 혹은 大梁水라고 불렸다. 漢代에는 大梁水 혹은 梁水라고 했다.『讀史方輿記要』에 따르면 "태자하는 곧 옛날의 연수이다. 연나라 태자 단이 연수에 숨어 있었다 하여 후세 사람들은 태자하라고 이름을 붙였다. (太子河即故衍水, 燕太子丹匿於衍水中, 後人因名太子河)"고 한다. 또 東梁河라고 부르기도 한다. 명대에는 代子河로 칭하기도 했으며, 청대에는 烏勒呼必喇(만주어에서 '烏勒呼'란 '갈대[蘆葦]'를 일컬으며, '必喇'을 '강'을 말한다)라고 했다. 그 뒤 다시 태자하로 바꾸어 불렀다. 태자하의 발원지는 두 군데 인데, 북쪽 발원지는 新賓縣 平頂山鄉 鴻雁溝이고, 남쪽 발원지는 桓仁縣 草帽子山麓으로, 本溪市 馬城子村 姑子閣에서 합류하여 본계시를 거쳐 요양경내에 흘러든다. 태자하의 전체 길이는 413km인데, 그 중, 요양을 경류하는 구간은 약 143km에 달한다.

② 渾河 -고대에는 小遼水로 불렸는데, 물이 혼탁하다고 하여 혼하라는 이름이 붙여졌다. 혼하는 淸原縣 滾馬嶺에서 발원하며, 전체 길이는 415km에 달한다. 그 중, 요양을 경류하는 구간은 약 85km이며, 요양과 遼中을 나누는 경계 하천이기도 하다.

③ 湯河 - 요양지역에서 가장 큰 태자하의 지류이다.『漢書』地理志에 따르면, 탕하는 곧 고대의 室僞水라고 한다. 탕하의 상류는 다시 동, 서 두 갈래 지류로 나뉘는데, 탕하 저수지에서 합류하여 安平, 耿家屯을 경류하여 小屯鎭서쪽의 雙廟村 인근에서 태자하에 유입한다. 탕하의 길이는 90.7km에 달한다.

4) 기후

요양지역은 대체적으로 溫帶濕潤性季風氣候에 속한다. 요동반도의 중심지역에 위치해 있어, 발해연안에서 불과 70km, 황해연안에서 100km 떨어져 있어, 바다의 영향을 받아 따뜻하고, 다습하며, 사계절이 뚜렷하다. 연평균 강수량은 700~800mm이며, 연평균 기온은 8.4℃이다.

2. 역사

1) 개요

遼陽은 遼寧省에서 가장 오래된 도시로 2천 여 년의 역사를 자랑한다. 요양은 B.C.3세기에서 A.D.17세기에 이르기까지 만주지역의 정치, 경제, 문화 및 교통의 중심지대로 역할 했으며, 더불어 군사적 요충지이기도 했다. '요양'이라는 명칭은 漢代부터 사용되었다.『史記』에서는 '襄平'이라고 기록했고, 그 후대에는 선후하여, 昌平, 遼東, 遼州, 東平, 鐵鳳, 天福, 南京, 東京 등으로 불리기도 했다.『漢書』地理志에서 이르기를 "대량수(지금의 태자하)는 서남쪽으로 요양에 이르러 요하에 흘러드는데, 왕망은 이 지역을 요양이라고 불렀다. 소요수(즉 혼하)는 遼山에서 흘러나와 서남쪽으로 요양현을 경류하여 대량수와 만난다. (大梁水(太子河)西南至遼陽入遼(河)莽日遼陽. (小遼)水(渾河)出遼山西南流經遼陽縣與大梁水(太子河)會"라고 했다. "강의 북쪽지대를 '陽'이라고 하는데 (水北日陽)", 漢代의 요양(지금의 遼中縣 茨榆坨公社 偏堡子古城址)은 곧 小遼水의 북쪽에 해당했으므로 '요양'으로 불리게 되었다.

戰國時代 요양은 襄平으로 불렸으며, 遼東郡의 치소였다. 秦漢, 三國時代에 걸쳐 幽州 遼東郡에 속해 있었으며, 西晉시기에는 平州 遼東郡에 소속되었다. 東晉, 前燕, 前秦, 後燕 시기에도 여전히 遼東郡에 속해 있었다. 남북조시기, 고구려가 요동을 차지하면서, 그 뒤 240년에 걸쳐 장기간 통치하였다. 唐代에 이르러 安東都護府를 설치하여 주변지역을 다스렸다. 遼代에는 東京道 遼陽府를 두었으며, 金代에는 東京路 遼陽府를 설치하였다. 元代에는 東京總管府에 소속돼 있다가, 遼陽行省 소속으로 편제되었다. 明代에 요양은 遼東都司에 속해있었으며, 後金의 누르하치가 요양을 차지하고 나서 東京城으로 고쳐 도읍으로 삼았다. 그 뒤, 淸 康熙 시기부터 遼陽州 奉天府에 소속되었다. 中華民國 시기 요양은 奉天省 遼沈道로 편제되었으며, 일제강점기에는 奉天省 遼陽縣으로 편제되었다. 1949년 中華人民共和國이 건국되고 나서, 遼寧省에 속하게 되었다. 1958년에 遼陽市로 승격되어 屬鞍山市에 속하였다가, 1966년부터 요녕성 직속 도시기 되었다.

2) 연혁

태자하 유역에서 석기시대 문화유적들이 다수 발견되었는데, 고고학 연구에 따르면, 약 6, 7천 년 전에 이미 인류가 요양지역에서 활동하고 있었다고 한다. 春秋時代 이전, 요양지역에는 주로 東胡와 殷나라 유민이 거주하고 있었다. 夏、商 시대에 요양지역은 營州에 소속되어 있었다고 하나, 이는 단순히 지역적인 구분이었을 뿐, 국가차원의 행정편제에 따른 것은 아니었다. 周代에 이르러, 요양은 幽州에 속해 있었는데, 일각에서는 箕子가 이른 곳이 바로 요양지역이라고 보기도 한다. 燕昭王 28년(B.C.284)에서 33년(B.C.279) 사이, 연나라에서 秦開를 보내 東胡를 쳐서 천 여리 땅을 개척하고, 다시 동쪽으로 고조선을 공격하여 땅 2천 여리를 취했다. 그 뒤, 요하유역에 遼東郡을 설치하고 그 치소를 襄平, 즉 요양에 두어 주변지역을 관할하였다(대략적인 위치는 오늘날 요양시 옛 도시구역에 해당한다).

연나라에서 양평에 군을 설치하고 행정기구와 군사를 두어 관리하게 되면서부터 양평은 요동 변경지역의 중심거점으로 자리매김하였다. 그 후대에 이르러, 중원의 晉、冀、魯 등 지역에서 많은 인구가 유입되면서, 중원문화가 요양 및 주변지역으로 급속히 확산되었다. 사료나 출토유물에서 확인되듯이, 요양지역의 銅 제련 기술이 아주 발달되어 있었으며, 철기시대로 접어들면서, 철 제련 기술도 상당한 발전을 이루었던 것 같다. 요양지역 유적에서 鋤, 鐮, 鍤, 鏟 등 철제 농기구들이 다수 발견되었는데, 이는 요양지역의 발달된 농경수준을 잘 드러내주고 있다. 사실상 춘추시대를 전후하여 요양 및 주변지역은 이미 燕長城 이남지역의 주요 농업지대의 하나로 자리매김하고 있었다.

전국시대 말, 연나라 태자 丹이 자객 荊軻를 보내 秦始皇을 암살하려했으나 계획이 실패로 돌아갔다. 이를 빌미로 燕王喜 29년(B.C.226), 秦에서 대거 연나라를 공격하여 도읍인 薊(지금의 북경 일대)를 함락시켰다. 이에 태자 단은 동쪽으로 요양의 衍水(지금의 太子河) 유역으로 도피하였다가, 결국 살해된다. 그리하여 연수를 태자하라고 부르게 되었다. 그 5년 뒤(B.C.222), 진에서 연을 멸하고, 연의 행정편제를 그대로 답습하여 요동군을 두어 관리하였으며, 그 치소를 襄平縣에 설치하였다.

前漢시기에 이르러서도 여전히 진의 옛 편제를 그대로 따라, 요동군의 치소를 양평현에 두고, 居就、新昌、無慮、望平、房、侯城、遼隊 등 18縣을 다스렸다. 그 중 현재 요양 경내에 해당하는 현으로는 양평현、거취현(지금의 遼陽縣 河欄鎭 亮甲山麓 인근지역)、요대현(지금의 遼陽縣 小北河鎭 高坨子 인근지역) 등이 있다. 전한 말(A.D.9) 王莽이 新을 건국하면서 양평현을 昌平縣으로 바꾸었으나, 왕망이 죽고 나서 다시 양평현으로 고쳤다. 後漢에 이르러서도 여전히 요동군을 유지하였고, 치소를 양평에 두고, 11개의 현을 다스렸다. 후한 말(A.D.190)에 이르러 董卓의 난으로 중국이 어지러워진 틈을 타 遼東太守로 있던 公孫度가 襄平을 중심으로 자립하여 스스로 遼東侯 平州牧을 칭했고, 손자인 公孫淵에 이르러서는 燕王을 칭했다. 당시 중원은 위、촉、오 삼국이 다투는 전란기였고, 요동지역은 상대적으로 안정을 누리고 있었기에 많은 중국의 지식인들이 공손씨 치하로 이주했다. 그래서 공손씨 세력은 3대 50년간 양평을 중심으로 번영을 누렸다.

그러나 238년(魏明帝 景初 2) 曹魏에서 파견한 司馬懿에 의해 公孫淵이 죽임을 당함으로서 공손씨 시대는 종언을 고하게 된다. 조위는 공손씨가 통치하던 지역에 平州를 설치하여 州治를 양평성에 두고 요동군 등 5개 군을 관할하게 했으며, 또 양평에 東夷校尉를 두어 만주·한반도 등지의 여러 민족과 관련된 제반 사무를 총괄하게 했다. 평주는 얼마 후 유주에 병합되었다.

晉代에는 폐지되었던 평주를 부활하여(274년) 요동군 등 동방 5군을 관할하게 하였는데, 이때도 양평을 주치로 삼았다. 그리고 2년 후에는 요동군을 遼東國이라 칭하고 이어서 동이교위도 양평에 둠으로서 양평은 이중삼중의 치소로서 중시되었다.

5호16국시대에는 鮮卑族의 慕容廆가 요동군을 공격하여 양평에 있던 동이교위 崔毖를 고구려로 달아나게 했으며(319), 慕容廆의 아들 慕容皝은 343년 양평 일대를 완전히 점령했다. 모용씨의 前燕은 前秦에 의해 패망하고 이에 따라 전진이 양평을 장악했다. 전진 때 평주의 치소는 朝陽으로 옮아갔지만, 요동군의 치소는 여전히 양평에 두었다. 전진에 이어 양평을 비롯한 요동지역을 차지한 것은 後燕이었다.

이 시기 동쪽에서 고구려가 성장하여 서쪽으로 세력을 뻗친다. 이에 따라 고구려와 후연이 요동을 두고 격돌하게 되는데, 마침내 고구려가 5세기 초 광개토왕 대에 이르러 요동지역을 장악하였고(404), 襄平을 遼東城으로 바꾸어 불렀다. 고구려의 요동 장악은 국제적으로도 인정되었으니, 중국왕조에서 고구려 왕을 요동군왕으로 봉한 것은 이러한 사실을 반영한다. 당시 요동성의 모습은 고구려 요동성총 고분벽화에서 그 일단을 엿볼 수 있다. 이를 통해 요동성은 내성과 외성으로 이루어져 있으며, 성벽에는 각루와 치가 설치된 견고한 성이었음을 짐작할 수 있다.

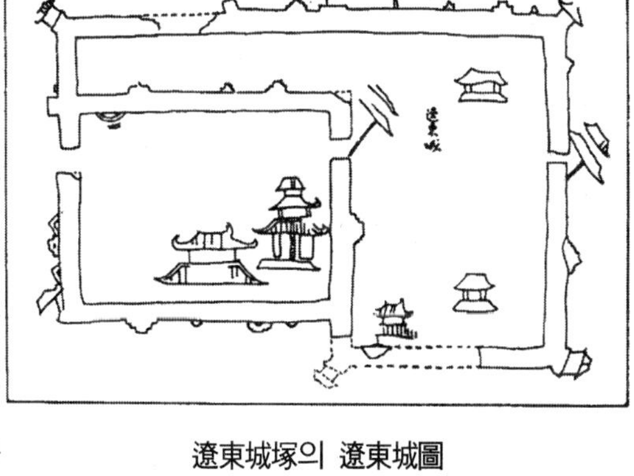
遼東城塚의 遼東城圖

고구려 때 요동성은 고구려의 重鎭으로 서쪽의 관문이었다. 그래서 중국을 통일한 수·당의 세력이 고구려를 침입할 때마다 요동성에서는 치열한 공방전이 벌어졌다. 612년에는 수양제가 직접 군사를 이끌고 요수를 건너 요동성을 포위하였으나 이기지 못하여 평양성 직공을 시도하다가 대패를 했으며, 613년에도 20여 일 포위하였으나 끝내 함락시키지 못했다. 수를 이은 당나라에서도 645년 당태종이 직접 고구려를 침공하면서 요동성을 공격했다. 당시 요동성에는 주몽의 사당이 있어 미녀를 바치면서까지 승리를 빌었다고 하지만, 결국 645년 5월 함락되고 말았다. 이때 한다. 이로써 2세기 반에 걸친 고구려의 요동성 시대가 끝나게 된다.

당은 요동성을 점령하고 遼州를 설치하면서 요양지역은 당의 영역이 되었다. 그리고 676년에는 나당전쟁으로 말미암아 평양에 두었던 안동도호부를 遼城州(요양)으로 옮겼다. 그리고 이듬해인 677년에는 寶藏王을 遼東州都督 朝鮮王에 봉하여 요동지역을 다스리게 하고, 안동도호부를 遼城州에서 다시 新城(지금의 撫順 高爾山城)으로 옮겼다.

그렇지만 발해 시기에는 요양지역 지역이 다시 발해의 강역이었던 것으로 추정되고 있다.[4] 그리고 발해 멸망 이후에는 요나라에 의해 강제 이주된 발해 유민의 집단거주지로 '발해인의 도시'라 해도 과언이 아니었으며,[5] 이후 1029년 大延琳의 興遼國이나 1116년 高永昌의 大元國 등 여러 차례 일어난 발해 유민들의 요나라에 대한 저항운동의 근거지가 되기도 했다.

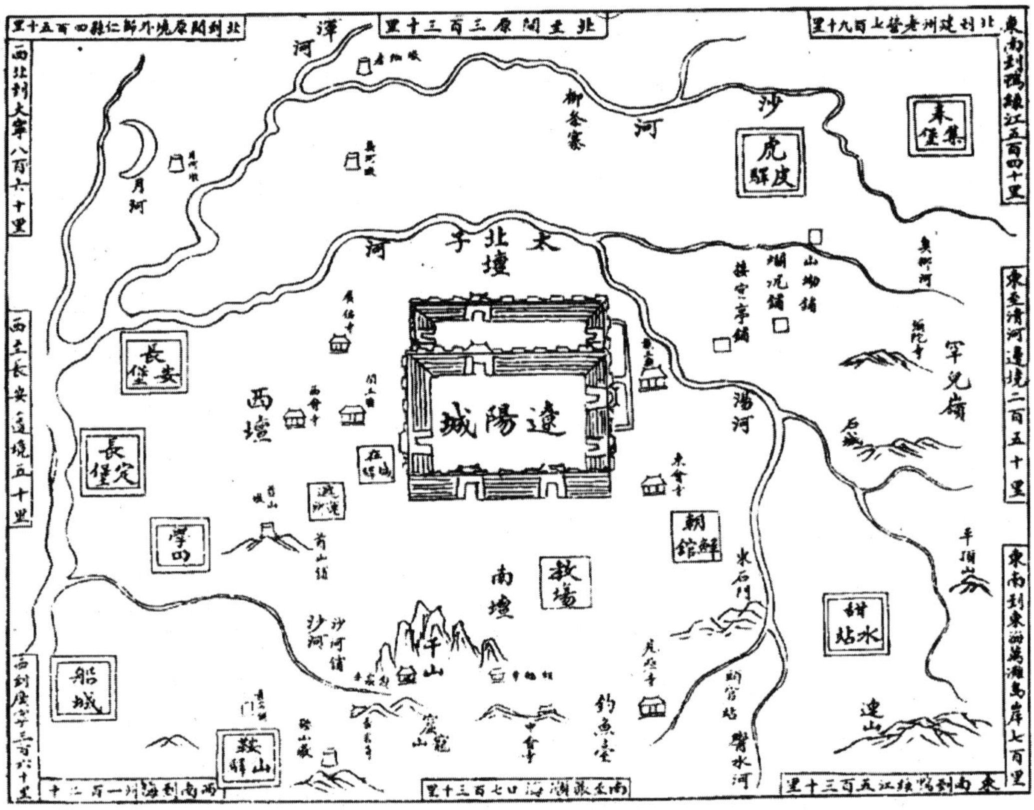

도면 1. 명대요양성도(『遼陽市志』)

4) 방학봉, 「발해 시기의 요동지역」, 『발해의 강역과 지리』(정토출판, 2012).
5) 鴛淵一, 『奉天と遼陽』(富山房, 1940) 92쪽.

Ⅲ. 요양 지역 벽화고분 개관

요양지역의 고고학적 조사는 1909년 鳥居龍藏에 의해 처음으로 실시되었고, 이 과정에서 상당수의 고분과 주거지가 조사되었다.[6] 그러나 이때 벽화무덤과 구조가 같은 석묘들은 확인되었지만, 내부에서 벽화는 확인되지 않았다.

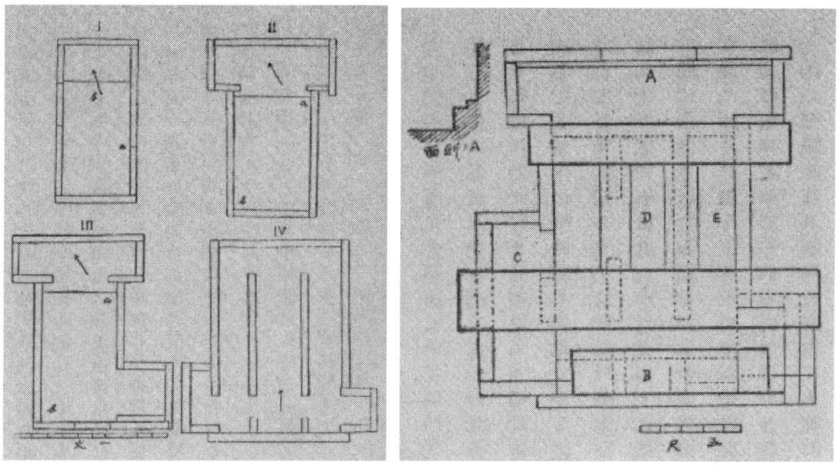

鳥居龍藏이 조사한 요양지역의 석묘

요양지역 석묘 노출 상태

6) 鳥居龍藏, 「漢末」-三國-晉時代に於ける漢族の遺蹟」, 『南滿洲調査報告』(三友社, 1910); 『滿蒙の探査』(萬里閣書房, 1928) 437~545쪽.

요양지역에서 벽화고분의 존재가 처음 알려진 것은 1919년이다. 태자하의 홍수로 말미암아 붕괴된 제방을 복구하는 과정에서 우연히 발견된 迎水寺고분이 그것이다.[7] 이후 벽화고분의 발견이 꾸준히 이어져 현재까지 확인된 것만 35기에 달한다.[8] 그런데 1954년 동북문물공작대에서 요양 三道壕 일대를 발굴하는 과정에서 壁畵殘墓 3기를 확인했다고 하는데,[9] 이들 고분은 아직 학계에 보고된 바 없다.[10] 또 최근의 보도에 의하면 白塔區 苗圃묘지에서 4기의 벽화고분이 추가로 확인되었다고 한다.[11] 요양지역은 太子河를 끼고 있는 충적평야지대이기 때문에 범람이 잦아 많은 유적이 지하에 매몰되어 있을 가능성이 크다. 그래서 요양지역 벽화고분들도 지상에 분구가 남아있는 것은 많지 않고, 토목공사 등을 계기로 지하에서 뜻하지 않게 발견된 것이 많다. 그렇다면 벽화고분의 발견은 앞으로도 계속될 것으로 여겨진다.

요양지역 벽화고분은 요양현 소재 남설매1호분 1기를 제외하고, 모두 요양시에 분포한다. 그리고 요양시에서도 태자하 동쪽에서는 迎水寺墓와 최근 알려진 河東新城壁畫墓뿐이고, 나머지는 모두 태자하 서쪽에 위치한다. 그리고 요양시 중에서도 남북의 외곽지대에서 주로 확인되는데,[12] 요양시의 중심구역은 漢에서 明代에 이르기까지 治所城이 있던 곳이기 때문에 무덤구역이 외곽지대에 존재하는 것은 당연한 일이라 할 수 있다.

요양지역 벽화고분은 현재 봉토가 남은 예가 많지 않지만 원래는 봉토가 있었던 분구묘로 추정된다. 또 내부는 사람이 설 수 있는지 여부를 기준으로 석곽묘과 석실묘로 구분할 수 있지만, 판석으로 축조한 石墓라는 점에서는 예외가 없다. 묘실은 지표 하에 구축했는데, 蓋石이 지표나 지하에서 발견되는 것은 이러한 사실을 반영한다. 그렇다면 이들 분묘는 먼저 묘광을 파고 지하에 석실이나 석곽을 축조한 다음, 봉분을 쌓아 마무리한 것으로 생각할 수 있다.

그렇지만 내부구조는 무덤에 따라 상당한 차이가 있어, 이들을 유형화하려는 작업이 여러 차례 시도된 바 있다.[13] 이중에서 유형화가 가장 자세하게 이루어진 것은 劉未의 분류이므로 이를 제시하면 다음과 같다.

유미는 回廊의 유무, 현실의 개수 및 규모를 기준으로 크게 3가지 유형으로 나눈 다음,

---

7) 八木奘三郎,「遼陽發見の壁畫古墳」,『東洋學報』11-1(東洋協会学術調査部, 1921);『滿洲考古學』(岡書院, 1928), 287~326쪽.

8) 三道壕西晉墓에는 비록 벽화는 없지만, 묘실 벽면에 뾰족한 도구로 새긴 글자와 그림이 상당수 확인되었다. 이를 벽화고분과 같은 범주로 취급한다면 모두 36기가 된다.
遼陽博物館,「遼陽市三道壕西晉墓淸理簡報」,『考古』1990-4(科學出版社), 334~335쪽.

9)「東北文物工作隊 一九五四年工作簡報」,『文物參考資料』1955-3, 4쪽.

10) 三﨑良章,「遼寧省における魏晉時代の壁畫墓」,『西北出土文獻研究』5, 西北出土文獻研究會, 2007, 122쪽

11) Baidu에서 '遼陽苗圃墓地'를 검색하면 많은 정보를 접할 수 있다. 이 중 2호묘는 李海波 · 劉潼 · 徐沂蒙,「遼陽苗圃漢魏墓地紀年墓葬」,『北方民族考古』2(2015) 17~26쪽에서 소개되었다.

12) 陳超,『遼陽漢魏晋時期墓葬壁畫研究』(吉林大学文学院 碩士學位論文, 2008), 5쪽에서는 南環街벽화묘 · 南郊街벽화묘군, 東門里벽화묘는 성내로 분류하는데, 치소성의 범위는 시대에 따라 증감이 있으므로, 이들 벽화묘가 축조 당시에도 성내였다고 단정하기는 어렵다.

13) 대표적인 연구를 소개하면 다음과 같다.
趙東艷,「漢末魏晉遼陽地區壁畫墓的分期」,『遼寧經濟文化研究』(遼寧大学出版社, 1994), 206~212쪽.
劉未,「遼陽漢魏晉壁畫墓研究」,『邊疆考古研究』2(科學出版社, 2004), 1~21쪽.
李林,「漢魏遼東壁畫墓分區與分期研究」,『第五屆全國高校美術史學年會會議論文集』(東南大學出版社, 2011), 292~318쪽.
孫力楠,『東北地區公元2~6世紀墓葬壁畫研究』(吉林大學博士學位論文, 2008), 14~81쪽.
陳超,『遼陽漢魏晋時期墓葬壁畫研究』(吉林大学文学院 碩士學位論文, 2008), 6~7쪽.

이를 다시 8형식으로 세분하였다.

A형

단실묘이며, 규모가 상대적으로 작으며 면적이 10㎡이하이다. 묘실의 앞부분에 시신을 안치하고 뒷부분에 明器臺를 두었는데, 명기대는 묘실의 바닥 보다 높다. 명기대와 관실의 상호관계에 따라 다시 2가지 형식으로 구분된다.

I 형식; 평면은 장방형이며, 명기대는 묘실의 뒷부분에 있다(玉皇廟 3호분).

Ⅱ 형식; 평면은 'T'자형 인데, 명기대는 관실 보다 양쪽으로 뻗어 나와 後廊을 이루고 있다(東門里墓, 옥황묘 2호분).

B형

쌍실묘이다. 전실 좌우측에 두 耳室이 달려 있고, 규모는 중등 정도이고 면적은 10~25㎡이다. 전실과 이실의 천장의 차이에 따라 두 개의 亞型으로 구분된다.

Ba형; 평천장이며, 명기대와 후랑의 유무 및 크기에 따라 3가지 형식으로 나눌 수 있다.

I 형식; 평면은 'ㅗ'자형(역T자형)인데, 전실과 좌우 두 개의 이실이 있으나, 후랑은 없고 명기대는 관실의 뒷부분에 있다(滿洲綿花會社墓).

Ⅱ 형식; 평면은 '工'자형인데, 후랑이 있고 전실 양측에는 이실이 마련되었으며 이실에도 각각 小室과 后小室이 있다. 명기대의 경우, 어떤 무덤은 후랑에, 어떤 무덤은 이실에, 어떤 무덤은 후랑과 이실에 모두 설치하였다. 명기대를 후랑에 둔 무덤에는 후문이 있는 경우가 많다(棒台子 2호분, 北園 2、3、4호묘, 東門外墓, 南雪梅 1호묘, 南林子墓, 鵝房 1호묘, 玉皇廟 1호묘, 道西庄墓, 三道壕 3호묘)

Ⅲ 형식; 평면은 'T'자형 인데, 후랑은 없고, 명기대는 설치되어 있다. 전실 좌우에 이실이 딸려 있으며, 대부분 경우에 오른쪽 이실이 왼쪽보다 크다(車騎墓, 令支令墓, 南環街墓, 三道壕 1、2호묘, , 冶建化工分廠墓, 옥황묘 4호묘).

Bb형; 현실 혹은 측실의 천장은 삼각고임천장이며, 후랑의 유무에 따라 두 가지 형식으로 구분된다.

I 형식; 후랑이 있으며, 평면구조는 Ba Ⅱ형식과 같다(峨眉墓).

Ⅱ 형식; 후랑 있으며, 평면구조는 Ba Ⅲ형식과 같다(上王家墓).

C형

다실묘이다. 회랑이 갖추어져 있고 비교적 규모도 크며 총면적은 30~40㎡ 사이이다. 墓門, 회랑, 관실, 이실, 소실로 구성되어 있으며, 회랑은 관실을 둘러싸고 있다. 이실과 소실은 관실 바닥 보다 높이를 올려 명기대로 하였고, 천정은 모두 평천정이다(북원 1호묘, 봉대자 1호묘, 迎水寺墓).

한편 묘실 내의 벽화는 많이 떨어져 나갔고, 심한 경우 흔적만 남아있는 경우도 있다. 그래서 남아있는 것만을 가지고 볼 때, 벽화는 석판에 직접 그린 것이 대다수이고, 회칠한 벽면에 그린 것도 일부 있다. 그리고 검은 색으로 윤곽을 그린 다음 채색한 그림이 많으며, 주제는 주로 생활풍속도이다. 그렇지만 생활풍속도라고 해서 묘주 생전의 생활을 그린 것으로 한정하기는 어렵다. 무덤 곳곳의 雲氣圖와 그 사이사이의 神獸圖 등은 무덤공간이 사후세계라는 것을 시사하기 때문이다.14) 따라서 이들 벽화는 사후세계가 현세의 연장이라는 계세사상(continuous theory)에 입각한 것이라 할 수 있다.

생활풍속도는 묘주의 宴居圖, 행렬도, 百戲圖 등으로 다양하며 무덤에 따라 차이가 있다. 이러한 차이는 묘주의 신분이나 무덤의 축조시기를 반영하는 것으로 여겨진다. 예컨대 행렬도의 구성과 규모는 묘주의 신분을 반영하는 것으로 볼 수 있으며, 연거도에서 묘주의 자세(묘주 단독 측면상→묘주 부부 竝坐像→묘주 부부 측면 對坐像→묘주 단독 정면상)는 축조시기를 반영하는 것 같다(<연거도와 행렬도> 참조).

부장품은 모든 무덤이 도굴을 피하지 못한 탓에 수습된 것이 많지 않고, 모형 明器·제기·생활용구·동전 등이 일부 남아있다.15)

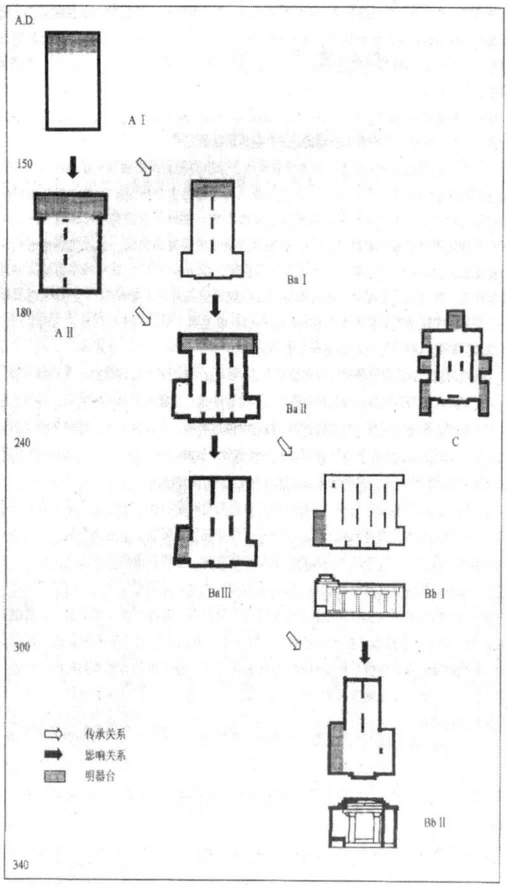

평면도

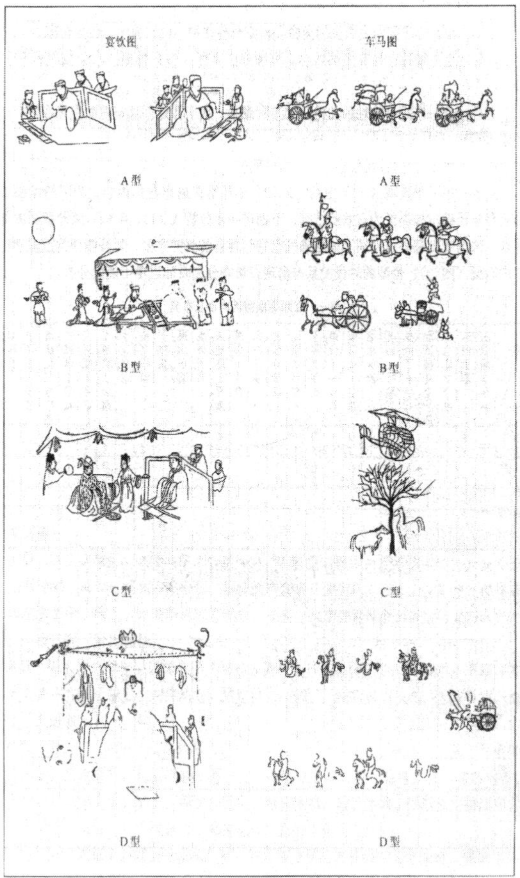

연거도(왼쪽)와 행렬도(오른쪽)

그렇다면 이들 고분이 언제, 누가 축조했는지가 문제인데, 우선 편년의 경우 무덤에 구체적인 축조시기를 알려주는 자료는 없다. 삼도호 令支令墓에 '巍(=魏)令支令張□□'란 묵서가 있고,16) 삼도호서진묘에 서진의 연호인 '太康'(280~289)이 여러 차례 보이

14) 孫志奇,「遼陽漢魏壁畫與遠古神話思想」,『理論界』2006-4(遼寧省社會科學界聯合會), 171~ 172쪽.

15) 劉未,「遼陽漢魏晉壁畫墓研究」,『邊疆考古研究』2(科學出版社, 2004), 8~11쪽.

16) 東北博物馆,「遼陽三道壕两座壁畫墓的清理工作简报」,『文物参考資料』1955-12;『李文信考古文集』(遼寧人民出版

는 점으로 미루어,[17] 대략 3세기 魏晉시대임을 짐작할 수 있지만, 축조의 상한과 하한은 분명하지 않다. 그래서 묘실의 구조·벽화·부장품을 토대로 다양한 편년안이 제시되고 있는데, 다행히 상한과 하한에 대해서는 거의 의견의 일치를 보고 있는 것 같다.[18] 즉 2세기 중엽 東門里벽화묘를 상한으로, 3세기 후반~4세기 초의 上王家村벽화묘를 하한으로 본다는 것이다. 따라서 요양지역 벽화고분은 2세기 중엽에서 4세기 초 사이에 활발하게 축조되었다고 할 수 있다.

한편 축조의 주체에 대해서는 요양지역에서 벽화고분의 존재가 처음 알려진 직후인 1920년대만 하더라도 한족과 고구려인이라는 견해가 대립하고 있었다.[19] 그러나 고분벽화의 발견례가 증가하고 연구가 진행됨에 따라, 고구려인이란 설은 부정되고 현재는 한족이란 설이 통설로 받아들여지고 있다. 요양지역이 고구려의 영역이었음은 확실하지만, 그것은 광개토왕(391~412) 무렵부터였다.[20] 그렇다면 벽화고분이 축조되던 시기에는 요양지역이 고구려의 영토가 아니었다. 다시 말해 이 시기 요양지역은 후한(東漢)→公孫氏 세력(190~238)→曹魏→西晉으로 주인이 바뀌어 갔다. 따라서 요양지역 벽화고분들은 한족에 의해 축조되었다는 통설은 부인하기 어렵다.

요양지역 벽화고분 가운데 비교적 규모가 크고 벽화가 화려한 北園1호묘·奉台子1호묘·迎水寺묘는 대략 2세기 후반에서 3세기 초에 축조되었다. 또 이 시기는 요양 일대에서 벽화고분이 가장 활발히 축조된 때이기도 하다. 그런데 이 시기에 요양지역을 장악한 것은 공손씨 정권이며, 그들의 근거지가 襄平, 곧 지금의 요양이다. 그러므로 요양지역의 벽화고분의 전성기는 공손씨 세력이 요양일대를 차지하고 있던 시기라 하겠으며, 공손씨 세력의 쇠퇴와 함께 벽화고분도 점차 소멸되어 갔다고 할 수 있겠다.

그러나 일부에서 제기되는 바와 같이 벽화고분의 하한이 내려갈 수 있다면,[21] 요양지역 벽화고분 중 후기의 것은 고구려인이 축조했을 가능성도 생각할 필요가 있다.

社, 1992), 112쪽.

17) 遼陽博物館, 「遼陽市三道壕西晉墓清理簡報」, 『考古』1990-4(科學出版社), 335쪽.

18) 주 11의 논문들 참조.

19) 한족설은 八木奘三郎, 「遼陽發現の壁畫古墳」, 『東洋學報』11-1(東洋協會調査部, 1921); 1921; 『滿洲考古學』(岡書院, 1928), 325~326쪽에서 주장되었고, 고구려인설은 塚本靖, 「遼陽太子河附近の壁畫ある古墳」, 『考古學雜誌』11-7(考古學會, 1921), 4쪽과 濱田耕作, 「遼陽附近の壁畫古墳」,『東亞考古學硏究』(岡書院, 1930), 426쪽에서 제시되었다.

20) 『삼국사기』 권 18, 「고구려본기」6, '광개토왕 14년 춘정월 (後)燕王(慕容)熙來攻遼東'이란 기사로 미루어 광개토왕 때는 고구려가 요동성, 즉 요양 일대를 차지하고 있었음을 짐작할 수 있다.

21) 손수호, 「상왕가촌 벽화무덤의 성격에 대하여」, 『조선고고연구』1997-2(사회과학출판사) 16~20쪽.

Ⅳ. 조사한 벽화고분

이 장은 답사를 통해 현장을 확인한 벽화고분들을 무덤별로 살펴본 것이다. 설명의 순서는 요양시 소재의 벽화고분을 먼저 언급한 다음 요양현의 것을 다루었다. 그리고 요양시에서는 태자하 서쪽을 먼저 언급한 다음 동쪽의 벽화고분을 다루었으며, 태자하 서쪽은 북에서 남으로 내려가면서 설명하였다.

본문에서 자주 언급되는 좌우, 또는 오른쪽과 왼쪽은 무덤 뒤쪽에서 바라보는 선을 기준으로 한 것이다.

1. 小青堆子壁畫墓

① **주소** ; 遼陽市 太子河區 望水台街道 景尒屯村 小靑堆子

② **GPS 좌표**
N41° 18' 57.93", E123° 10' 13.34" (표지석 기준)
N41° 18' 57.88", E123° 10' 13.98" (봉분꼭대기의 쇠말뚝 기준)
N41° 18' 57.63", E123° 10' 13.45" (표지판 서쪽 덮개돌 위치)

③ **입지**
요양시 북쪽, 태자하 남쪽 약 1.5km 지점의 평원지대에 위치한다. 유적의 서쪽에 振興路가 있고, 진흥로 144호 전후 지점에 동쪽으로 뻗은 길이 나 있는데, 길을 따라 250미터 나가면 봉분이 보인다. 도시의 외곽지대로서 주변이 모두 농경지이며, 남쪽에 공장건물이 하나 있고, 그 남쪽에 주택구역이 있다. 주변은 모두 평지이므로, 봉분이 마치 작은 흙 언덕과 같아 쉽게 눈에 띤다.

④ **현상**
봉분이 남아있고 봉분의 서쪽에 표지석이 있으며, 그 서쪽에 덮개돌로 추정되는 石材가 노출되어 있다. 봉분 꼭대기에 유적위치 확인용으로 추정되는 鐵梃이 박혀 있으며, 철정에서 표지석까지의 거리는 18.5m이다.

⑤ **개요**
원형의 분구가 남아있는데, 잔존 높이 3.7m, 底徑 18m이다. 아직 발굴되지 않았다.

⑥ **참고문헌**

國家文物局 주편, 『中國文物地圖集』 遼寧分冊 上·下. 西安地圖出版社, 2009

⑦ **도판**

위치도

표지석

봉분

무덤 주변의 말뚝

주변의 석재

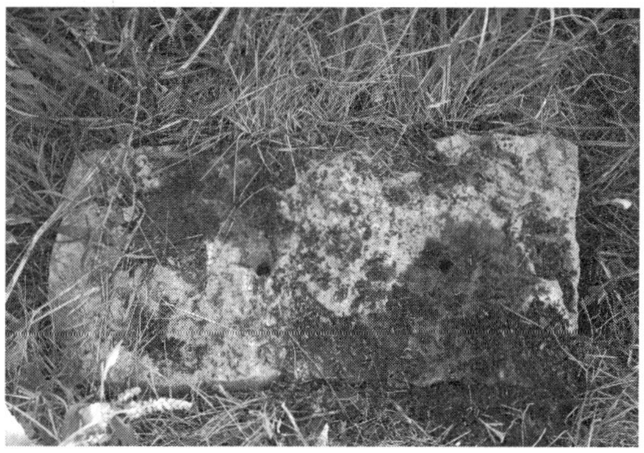
주변의 석재

2. 上王家壁畫墓

(遼寧省文物保護單位)

① **주소;** 遼陽市 太子河區 振興路 望水台街道 上王家村 152호

② GPS **좌표;** N41° 18' 54.24", E123° 10' 32.65" (표지석 기준)

③ **입지**

요양시 북쪽 교외에 있다. 振興路 138호를 전후한 지점에서 동쪽으로 뻗어 있는 길을 따라 약 420m를 가면 상왕가촌 입구가 있고, 거기서 동쪽으로 약 190m를 가서, 다시 동북쪽으로 약 80m를 가면 유적이 있다. 표지석은 遼陽金具(遼寧鐵塔廠)공장 서쪽에 인접한 개인주택 뒷마당에 위치하고 있다. 유적에서 서북쪽으로 400m 지점에 小靑堆子墓가 있으며, 남남서쪽 700m 지점에 棒台子墓가 있다.

④ **현상**

유적 표지석이 개인 주택 내에 있기 때문에 길가에서 눈에 띠지 않으며, 집주인(張長發, 71세)의 말에 따르면, 봉분은 공장 조성으로 없어진 상태라고 한다. 표지석은 유적의 서북쪽에 위치해 있다.

⑤ **개요**

1957년 9월에 발견되었으며, 1958년 5월 遼寧省博物館에서 조사를 진행하여 1959년에 약보고서를 냈다.

묘실은 매끄럽게 다듬은 석판을 이용해 축조했으며, 석회로 틈을 메웠다. 평면은 'T'자형이며, 묘문의 방향은 남쪽으로 16도 치우친 동향이다. 묘실의 동서 길이는 5m이고, 남북 넓이는 4m이며, 높이는 2.5m이다. 묘문 안쪽에 기둥 두 개를 세워 拱石과 처마와 들보(楣梁)를 떠받치게 했으며, 그 아래에 방형 초석을 깔았다. 전실(보고서에서는 橫廊이라 함) 좌와 우에 각각 小室이 있는데 우소실에 明器臺가 설치되어 있다. 관실은 가운데 판석을 세워 2개를 조성했으며, 두 관실이 서로 통하게 판석에 창을 만들었다. 천정의 대부분은 단순히 석판을 덮었으나, 전실의 천정은 네 개 석판을 이용해 평행삼각고임식으로 축조했다. 요양지역 벽화고분에서 평행삼각고임천정은 이것이 유일하다(峨眉墓는 삼각고임천정이다). 묘실 후벽에 일부 문자가 새겨져 있는데, 무덤 축조 시 임의로 석재에 작성한 것으로 추정된다. 그 내용에 따르면 무덤 축조에 사용된 석재는 遼陽의 東山 일대에서 채취한 것이라고 한다.

두 관실에서 모두 목관을 안치해둔 흔적이 발견되는데, 관목은 이미 대부분 부식되었고, 棺釘 50여 매만 발견되었다. 피장자의 유골도 일부만 남아 있는데, 두개골의 위치로 미루어, 머리가 동쪽을 향하게 안치하였던 것 같다.

부장품은 많이 발견되지 않았는데, 지름 14.5cm의 鐵鏡 1매 靑瓷虎子(호랑이 모양의 토자기) 한 점이 수습되었으며, 그 외, '徐'자가 새겨진 陶盤과 五銖, 剪輪五銖, 貨泉 세 가지 동전이 발견되었다.

벽화는 관실 앞 기둥 및 좌우 소실의 벽면에 그려져 있다. 묵선으로 윤곽을 그리고 다시 색을 입혔다. 오른쪽 소실의 앞 벽에는 붉은색 휘장 아래 묘주가 정좌해 있는 모습이 그려져 있다. 묘주는 方榻 위에 정면을 보고 있는 앉아있는데, 머리에는 관을 쓰고, 오른손에는 麈尾를 들고 있다. 착용한 복식 형태는 식별이 어려우며, 앞에 方案이 있고, 뒤에는 병풍이 세워져 있다. 묘주의 오른쪽에 黑幘을 쓰고 포를 착용한 인물이 손에 笏을 받쳐 들고 주인을 향해 공손하게 서있는데, 그 위에 '書佐'라는 묵서가 있다. 병풍 뒤에도 같은 복식을 한 세 인물이 손에 홀을 잡고 묘주를 향해 공손이 서있고, 묘주의 왼쪽에는 음식 시중을 들고 있는 하인 한명이 묘사되어 있다.

왼쪽 소실의 앞 벽 윗부분에는 車騎出行圖가 있는데, 앞에 말을 탄 여덟 인물이 두 줄로 나뉘어 그려져 있으며, 모두 흑책에 긴 포를 착용하고, 손에 홀을 들고 있다. 이어서 소 수레 한 대가 뒤따르고 있는데, 타고 있는 인물은 묘주일 것으로 추정된다. 그 옆에는 수레를 끄는 인물이 그려져 있다.

소실의 오른쪽 벽 윗부분의 벽화는 침수로 인해 심각하게 훼손되어 분별하기 어려운데, 대개는 가택이 그려져 있었던 것으로 짐작된다. 또 관실 앞 기둥에서는 流雲文이 발견되었다.

약보고서에서는 다른 벽화고분이 평천정인데 비해 이 고분은 평행삼각고임천정인 점 등을 근거로 요양지역 벽화고분 중에서 연대가 가장 늦은, 서진~동진 시기(4세기)의 것으로 보았다. 이 점에 있어서는 중국학자들의 견해는 큰 차이가 없지만, 북한의 손수호는 무덤의 구조형식과 벽화가 고구려의 그것과 흡사하다는 점을 들어, 고구려가 요양지역을 점령한 이후인 4세기 말~5세기 초에 요양지역을 통치하던 고구려 고위귀족의 무덤이라 주장했다.

⑥ 참고문헌

李慶發, 「遼陽上王家村晉代壁畫墓淸理簡報」, 『文物』, 1959-7, 文物出版社

손수호, 「상왕가촌 벽화무덤의 성격에 대하여」,『조선고고연구』1997-2, 사회과학출판사

⑦ 도판

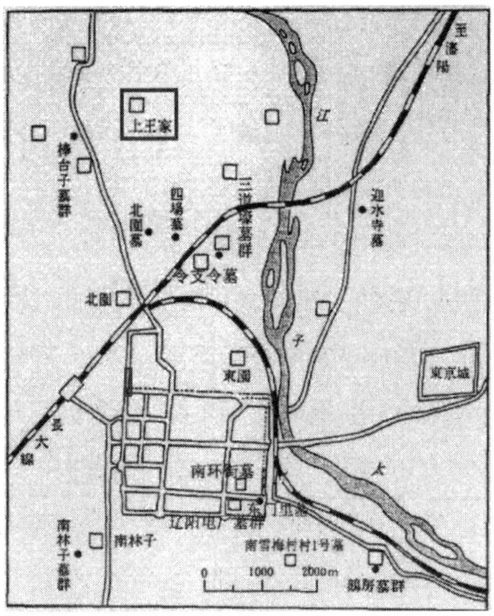

위치도 1

위치도 2

표지석

추정지

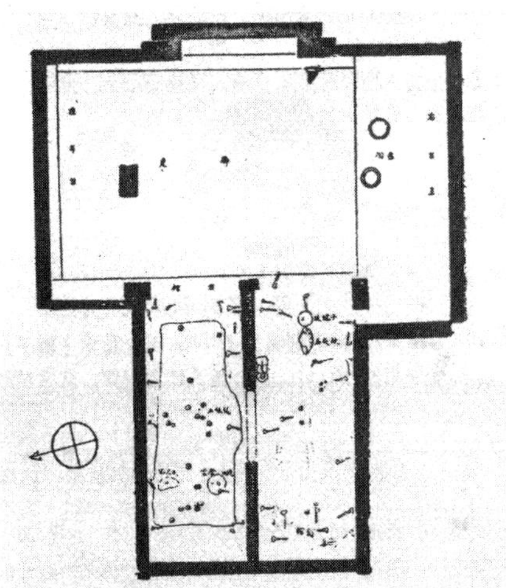

평면도

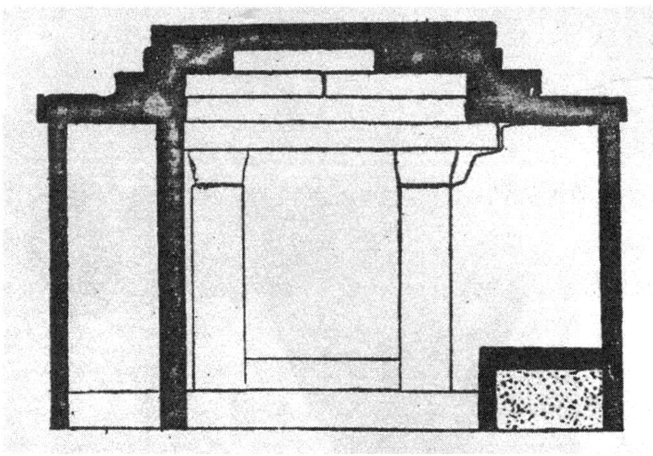

정면도

墓主宴飮圖(우소실)

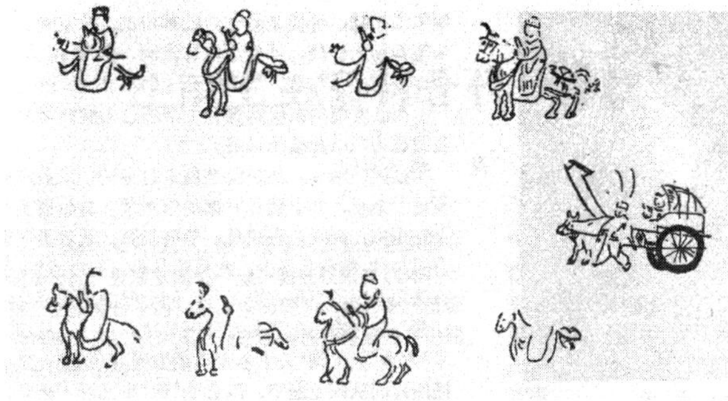

車騎出行圖(좌소실)

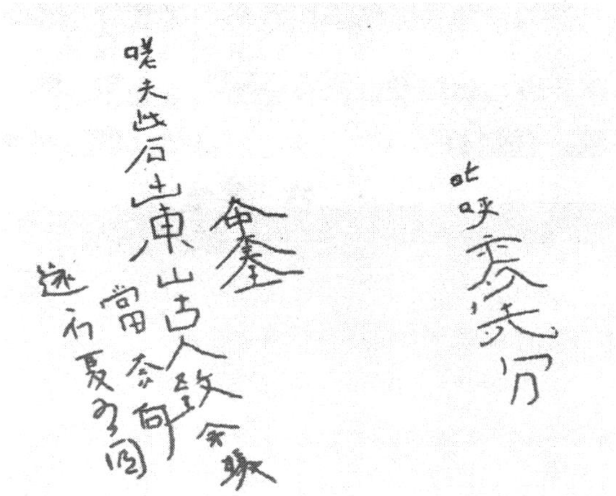

刻字 모사도(묘실 우벽)

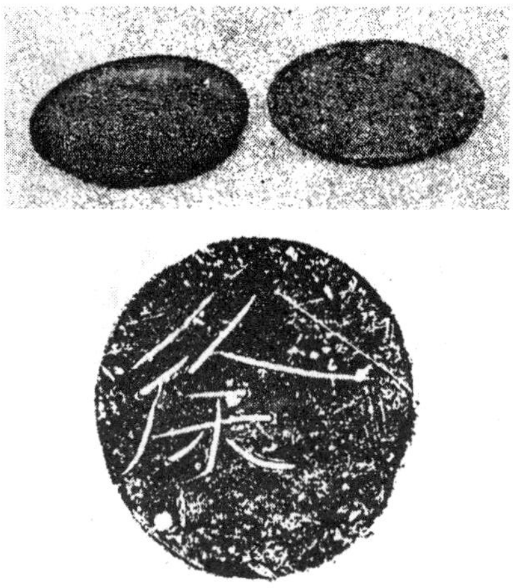

陶盤과 陶盤 底部의 문자

3. 棒台子一號壁畫墓(棒台子壁畫墓)
(全國重點文物保護單位)

① **주소;** 遼陽市 太子河區 振興路 望水台街道

② GPS **좌표;** N41° 18' 44.87", E123° 10' 00.28" (표지석 기준)

③ **입지**

이 유적은 요양시 북쪽 교외지역이며, 태자하에서 남쪽으로 약 2km 떨어진 평원지대에 위치하고 있다. 남북으로 뻗은 振興路 140호를 전후하여 길 서쪽에 遼陽築路機械廠이 있고, 유적은 공장부지 내에 위치해 있다. 진흥로와 연결되어 서쪽으로 道西莊村에 이르는 작은 길이 있는데, 유적은 바로 이 길의 남쪽에 위치해 있다. 앞에서 언급한 소청퇴자묘에서 서남쪽으로 약 450m 떨어져 있다.

④ **현상**

상당히 큰 봉분이 남아있으나, 무덤 위와 주변에 잡풀이 무성하여 정확한 규모를 파악하기는 어려웠다. 봉분의 서쪽에는 이것이 고임을 알려주는 표지석이 있다. 그러나 공장부지 내에 위치해 있어, 접근과 조사에 어려움이 있었다.

⑤ **개요**

요양시 서북쪽으로 4km 떨어져 있는 棒台子屯 북쪽 500m 지점(현재는 도시구역으로 편입)에서 채토과정 중 발견되었으며, 1955년에 조사되었다.

봉분이 커서 '大青堆子墓'라고도 하는데 小青堆子墓에서는 서남쪽으로 약 450m 떨어져있다. 고분의 외형은 截頭方錐形이며, 발굴 당시 봉분의 높이는 7m, 한 변의 길이는 22m에 달했다. 요양지역 벽화고분 중 대형묘에 속한다. 묘실은 석판으로 네모나게 축조하고, 표면은 매끄럽게 다듬었으며, 틈새는 석회로 메웠다. 墓門의 방향은 남쪽으로 10도 치우친 동향이고, 묘문에는 4개의 돌기둥이 세워져 있다. 묘실은 前廊과 좌우 측실 및 관실과 후실로 구성되었다. 묘실에 석판을 세워 관실 세 개를 만들었다. 묘실의 좌우 넓이는 8m이고, 전후 길이는 6.6m이다. 바닥에 일부 흙이 쌓여 있으며, 덮개돌까지의 높이는 1.4m이다. 덮개돌의 높이는 대개 외부 경작지 지표에 상당한다.

벽화에는 門卒圖, 雜技·伎樂圖, 飲食圖(宴會圖), 出行圖, 庖廚圖 등이 있다. 무덤 가운데 세운 두 기둥의 바깥쪽에 문졸 두 명과 守門犬 두 쌍이 그려져 있다. 문졸은 무사의 모습으로, 머리에 紅白幘을 쓰고 주홍색 袍를 걸치고 있으며, 다. 오른 손에 방형 방패를, 왼손에는 붉은 색 끈(纓)이 달려있는 環首刀를 들고 있다.

잡기、기악도는 묘문 안쪽의 좌우 두 벽에 나뉘어 묘사되어 있는데, 벽화 구성상 음식도의 일부로 판단된다. 즉 묘주가 연회에서 음식을 먹으면서 음악을 듣고 곡예를 관람하는 장면을 묘사한 것이다. 이 그림에 등장하는 인물은 모두 23명이다. 우선 오른쪽 벽 윗부분에 歌手 다섯 명이 묘사되어 있는데, 黑幘을 쓰고, 雜色 의복을 착용하고 있다. 그 중 두 인물은 손에 짧은 杖을 잡고 있다. 그 옆자리에 악기를 다루는 네 사람이 있는데, 모두 흑책을 쓰고 포를 착용하고 있다. 그들은 각각 琵琶、洞簫、箏(혹은 琴瑟)을 다루고 있다. 그 아래에는 춤추는 장면, 접시돌리기、물구나무 서기、공던지기、舞輪 등 곡예를 하는 장면 등이 묘사되어 있다. 이 그림 가장 왼쪽의 여성은 전체 곡예의 지휘자쯤으로 여겨진다. 좌벽에는 女樂工 다섯 명이 무릎을 꿇은 모습으로 묘사되어 있다. 그들은 모두 朱頂黑幘을 쓰고, 붉은 색 포를 입고 있으며, 각자 비파와 퉁소 등의 악기를 다루고 있다.

음식도(연회도)는 오른쪽 소실 우벽과 왼쪽 小室 좌벽에 나뉘어 그려져 있다. 그림 전체가 비교적 큰 편인데, 연회에서의 묘주 모습을 그린 것이다. 오른쪽 소실 벽의 높이는 1.2m이며, 길이는 1.93m이고, 인물 6명이 묘사되어 있다. 그림의 중앙에 남성 한 명이 크게 그려져 있는데, 흑책을 쓰고 붉은 색 포를 입고 있는 모습이다. 床에 앉아 몸을 비스듬히 왼쪽으로 틀고 있으며, 뒤에는 낮은 병풍이 있다. 이 인물의 옆과 뒤에 하인 세 명이 시중들고 있는 모습이 함께 묘사되어 있다. 왼쪽 소실 좌벽의 높이와 넓이는 오른쪽 소실의 벽과 비슷하다. 벽의 중앙에 흑책을 쓰고 붉은 포를 입은 인물이 두 손을 소매에 넣어 모은 모습으로 묘사되어 있다. 또 그 주변에 시중을 드는 하인 5명이 그려져 있다. 이들 두 벽의 주인공 그림은 모두 얼굴 부분이 퇴색되어 분별하기 어렵다.

출행도는 오른쪽 回廊의 좌、우、후 세 벽 및 왼쪽 회랑의 좌벽에 나뉘어 그려져 있다. 벽의 높이는 1.22m이고, 가장 긴 것은 2.70m에 달한다. 출행도에는 인물 173명, 말 127마리, 수레 10대, 각종 무기 및 깃발의 수도 적지 않게 묘사되어 있다. 그 외에도 후랑의 편벽과 안벽에는 건물과 우물의 모습이 그려져 있으며, 뒤쪽 소실의 우벽과 안벽, 좌벽에는 남녀 22명이 부엌과 음식창고 주변에서 요리 재료를 준비하고 음식을 조리하는 모습이 묘사되어 있다.

생활풍속을 묘사한 그림 외에도, 고분의 덮개돌[蓋石], 벽 가장자리[壁端], 관머리[棺頭] 및 벽화 변두리 부분에 雲氣文 장식이 그려져 있다.

축조 시기는 170~230년, 즉 동한 晩期에서 曹魏 초로 비정되고 있다. 시기와 규모로 미루어 공손씨 정권 하의 최고위급 인물의 무덤이 아닌가 한다.

⑥ 참고문헌

李文信,「遼陽發現的三座壁畫古墓」,『文物參考資料』1955-5, 文化部社會文化事業管理局
(『李文信考古文集』, 遼寧人民出版社, 1992 재수록)

⑦ 도판

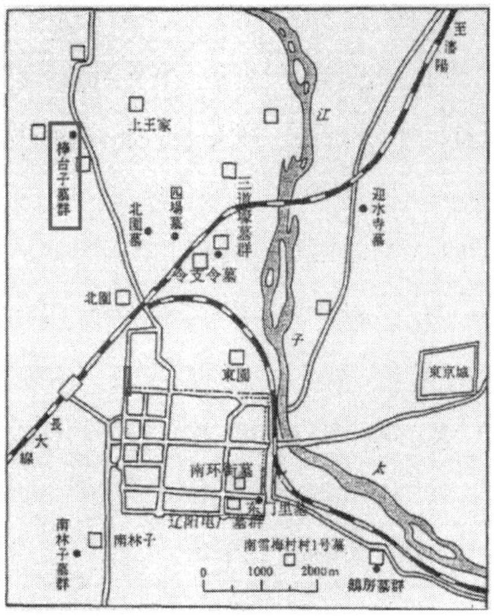

위치도 1

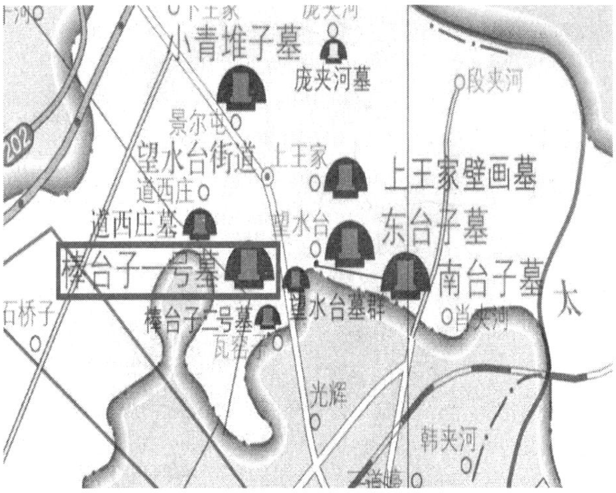

위치도 2

표지판

봉태자1호묘가 있는 공장 입구

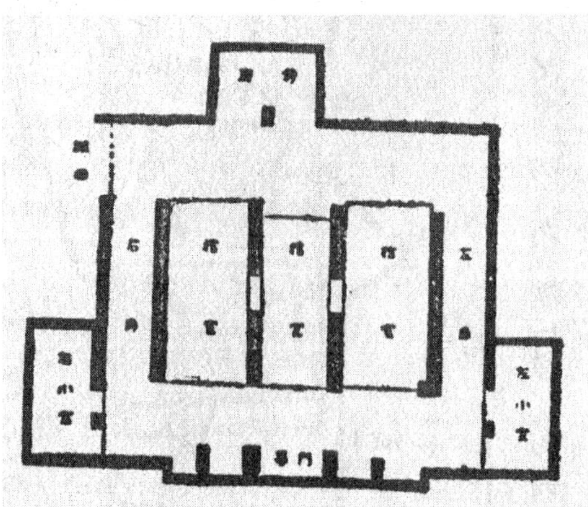

평면도

묘실 내부

묘실 내부

묘실 천정

穿壁圖

門卒圖

門犬圖

음식도(우소실 우벽)

음식도(좌소실 좌벽)

잡기도

연주도

출행도

帷車圖

黑盖車

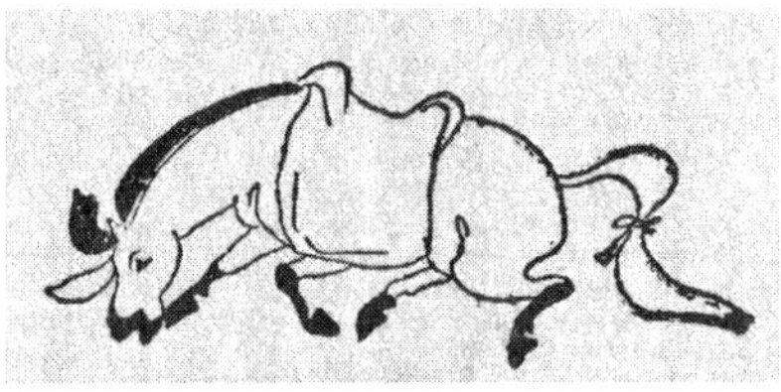

仗馬圖

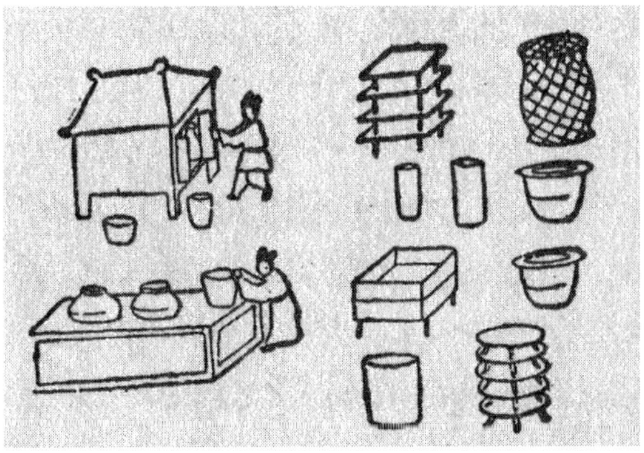

주방도

주방도

주방도

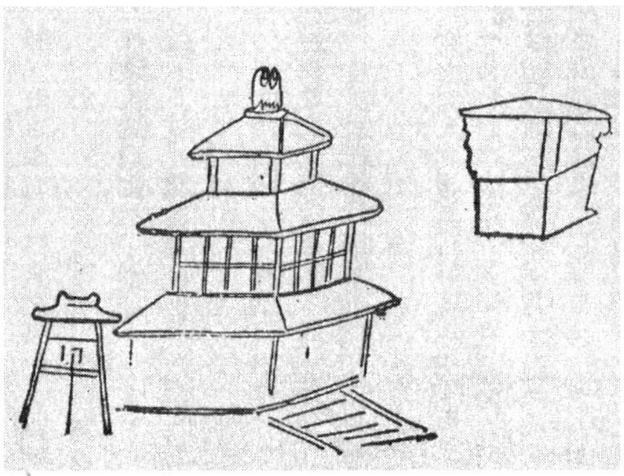

누각과 우물도

4. 北園1號壁畫墓

(全國重點文物保護單位)

① **주소;** 遼陽市 白塔區 鐵西路26-58 鐵合金宿舍

② GPS **좌표;** N41° 18' 00.16", E123° 10' 49.24" (표지석 기준)

③ **입지**

요양시 북쪽, 태자하 남안의 평원지대에 위치한다. 북쪽으로 약 4km, 서쪽으로 약 3km에 태자하가 흐른다. 북원은 옛 요양성의 서북지역, 瓦窯子村의 동남쪽에 위치했으나, 현재는 도시구역(白塔區)으로 편제되었다. 振興路와 鐵西路의 교차지점에서 鐵西路를 따라 동북방향으로 약 700m를 지나면 鐵合金宿舍 주택구역이 나타나는데, 유적은 이 주택구역의 북쪽에 있다. 표지석은 비록 울타리에 막혀 있으나, 길 옆에 위치하고 있어 곧바로 눈에 띈다.

④ **현상**

표지석은 길 북쪽 농가 옥수수 밭 울타리 안에 있으며, 봉분은 확인되지 않는다.

⑤ **개요**

1943년 滿洲林産化學工業株式會社 부지 내에서 토목공사를 하던 중 발견되었고, 발견 직후 駒井和愛、李文信 등이 만주국 문교부의 의뢰를 받아 조사를 했다. 1944년에는 北野正男이 교토대학 미술학부의 林德男、林屋源之助、水田惠三과 함께 벽화에 대한 모사도를 작업을 일본의 패전으로 완성한 모사도를 길림의 지인에게 맡겨두고 일본으로 돌아갔다. 다행히 모사도는 없어지지 않고 재발견되었다고 하는데, 요녕성박물관에 소장된 북원1호묘의 모사도가 바로 그것이 아닌가 한다.

발견 당시 무덤의 蓋石은 지표 아래 50cm 정도에 있었다고 하는데, 원래는 지상에 큰 봉분이 있었던 것으로 추정된다. 무덤의 석실은 큰 석판으로(큰 것은 3m×2m×0.3m에 달한다)을 조합하여 축조하였다.

묘실의 구조는 대단히 복잡하지만, 평면 사각형에 가깝다. 묘문은 3짝으로 서쪽을 향하고 있으며, 묘문 다음에는 좌우 이실을 갖춘 전랑이 있다. 전랑 뒤에는 관실이 있는데, 관실은 격벽이 설치되어 3 부분으로 나누어져 있고, 관실의 좌우에는 회랑과 회랑의 각각 양쪽에도 각각 이실이 있다. 외곽의 이실들은 중앙의 주실 보다 대략 40cm 정도 높게 조성되어 있다. 외곽의 이실들을 제외한 무덤 중앙부의 크기는 517×465×188cm인데, 요양지역 벽화고분 중 가장 대형에 속한다. 천장은 230×75cm 크기의 3장의 석재로 동쪽에서 서쪽으로 열을 지어 놓여있는, 평천정이다.

벽화는 석벽 위에 顔料를 사용해 직접 그렸으며, 먼저 묵선으로 윤곽을 그린 다음 내부를 칠한 것으로 여겨진다. 벽화의 주제로는 우선 宴飮圖가 있는데, 가장 뒤쪽의 돌출된 小室의 뒷벽과 좌벽에 그려져 있다. 휘장이 걷혀 있는 집안에 묘주와 두 명의 남자가 마주보고 있으며, 가운데는 향불이 피어오르고 있다. 집안과 밖에 각각 1명의 시중이 서있으며, 집 밖에는 나무 한 그루가 서있다.

屬吏圖는 후랑에 두 사람이 그려져 있으며, 그림 옆에 "小府史"라는 묵서가 있다. 이는 앞의 연음도에 이어지는 부분으로 판단되는데, 발굴 당시 보존상태가 양호했다고 한다. 높이는 2尺(약 0.462m)이며, 두 인물은 오른쪽을 향해 두 손을 모으고 공손히 서 있는 모습으로 묘사되어 있다. 관대와 의복을 그린 墨線이 뚜렷하게 남아 있다. 복식의 색상으로 미루어 봤을 때, 屬吏椽史書佐 반열의 侍事者일 것으로 판단된다.

속리도 옆에는 樓闕圖가 있는데, 누각은 3층으로 꼭대기에 鳳凰(혹은 三足烏)이 한 마리가 곧 날아오르려는 자세로 앉아있고, 그 좌우로 붉은 색 깃발이 휘날리고 있다. 또 가장 윗 층 처마에는 검은 새가 한 마리가 뒤를 돌아보며 앉아있는데, 그 아래 지상에는 한 사람이 무릎을 꿇고 활시위를 당기고 있다. 后羿의 射日神話를 떠올리게 하는 장면이 있다. 中層에는 한 부인이 정좌해 있는 모습이 그려져 있다. 궐루도 옆에는 "敎以勤化以誠"이라는 묵서가 있다.

樓闕圖 아래에는 樂舞圖와 雜技圖가 있다. 악무도의 중심에는 화려하게 장식된 커다란 북이 있으며, 그 옆에 북치는 인물 한 명이 서있다. 그 주변에 악공 9명이 악기를 다루는 모습이 묘사되어 있다. 그 옆에 춤추는 인물 두 명이 있는데, 한 명은 두 옷소매를 길게 늘어뜨리고 있고, 다른 한 명은 엎드린 자세를 하고 있다.

雜技圖에는 공 던지기, 칼 던지기, 수레바퀴 던지기, 모믈 반대로 구부리기, 물구나무 서기, 獸舞 등 다양한 곡예장면이 묘사되어 있다.

또 관실에는 騎行圖와 車行圖가 그려져 있으며, '季春之月'이란 묵서가 발견되기도 했다.

전랑에는 수탉 두 마리가 싸우고 있고 그 오른편에서 투계를 관장하는 인물로 보이는 노인 한 명이 그려져 있는 鬪鷄圖가 있다. 또 倉廩圖가 있는데, 기와집과 그 앞에 흰색 개 한 마리가 그려져 있고, 그 오른쪽에는 冠服을 착용한 인물이 두 손에 무엇인가 받들고 서 있는데, 창고를 장관하고 있는 인물로 추정된다. 여기에는 "代郡廩(庫?)"이라는 묵서가 있다. 그리고 전랑 기둥에는 운기문이 그려져 있다.

무덤의 축조 시기는 벽화에 묘사되어 있는 복식, 도구 등과 수습된 유물들로 추정해 볼 때, 무덤의 축조 시기는 170~230년, 즉 東漢 晩期에서 曹魏 초로 추정된다. 그리고 무덤의 규모나 벽화의 화려함으로 미루어 공손씨 정권 하에서 가장 높은 신분이 묻혀있는 것으로 여겨진다.

⑥ 참고문헌

李文信,「遼陽北園畫壁古墓記略」,『國立沈陽博物院籌備委員會彙刊』1, 1947, pp.122～163. (『李文信考古文集』, 遼寧人民出版社, 1992, pp.54～94, 재수록);

Wilma Fairbank & Masao Kitano, Han Mural Paintings in the Pei-Yuan Tomb at Liao-yang, South Manchuria, *Artibus Asiae* 17-3/4, 1954(reprinted in Wilma Fairbank, *Adventures in Retrieval*, Harvard University Press, 1972, pp.141～180);

駒井和愛, 『遼陽發現の漢代古墳』, 東京大學 考古學研究室, 1950

駒井和愛, 「最近發見にかかる遼陽の漢代壁畵古墳」, 『國華』647, 國華社, 1944; 「遼陽北園の漢代壁畵」, 『中國考古學論叢』, 慶友社, 1974.

楊娜, 『遼陽北園一號墓墓室壁畵研究』, 東北師範大學 碩士學位論文, 2010

⑦ 도판

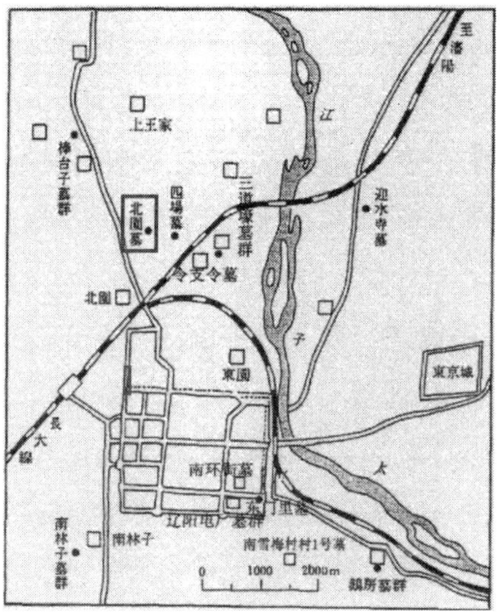

위치도 1

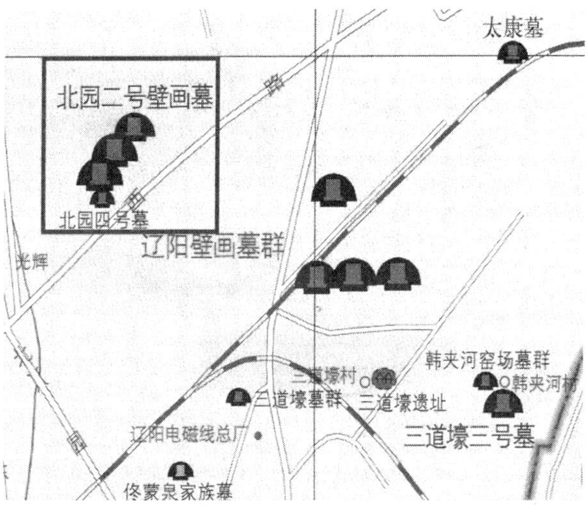

위치도 2

표지석

추정 위치

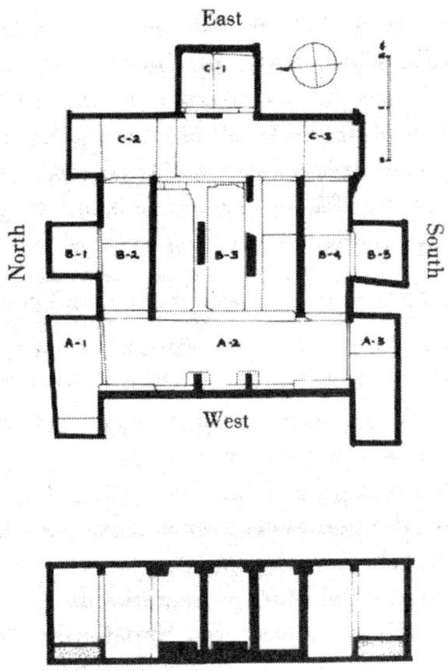

평면도와 정면도

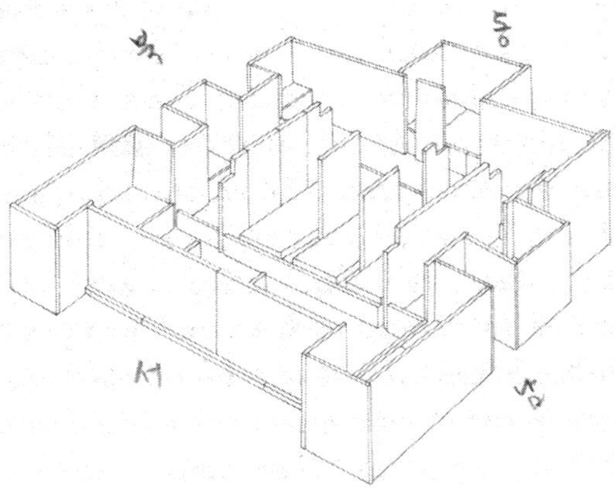

투시도

'代郡庫(稟)' 도(전랑 南耳室)

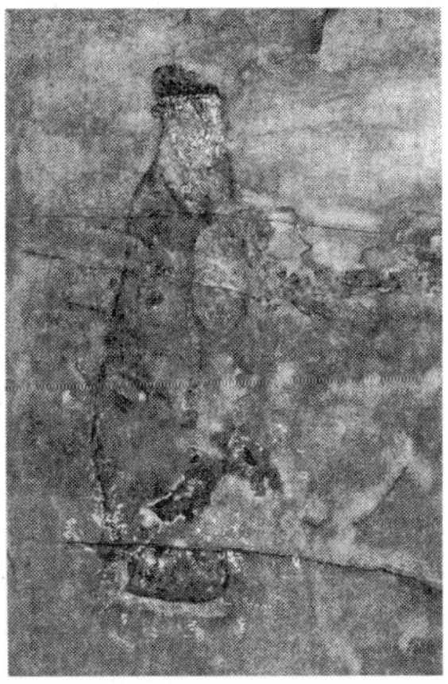

倉官圖(전랑)

鬪鷄圖(전랑 남이실, 부분)

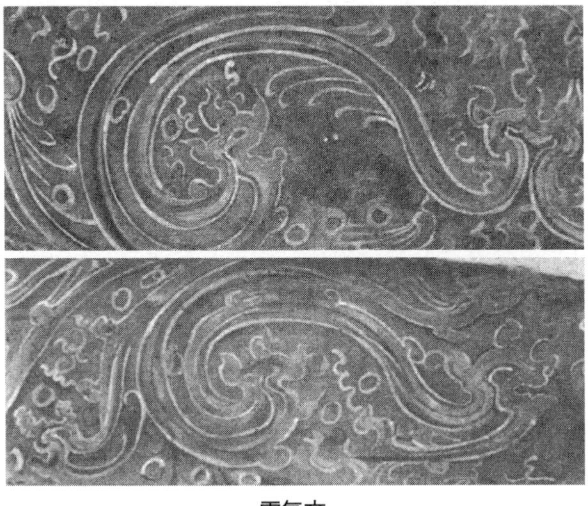

雲氣文

행렬도(남관실 북벽)

묵서(관실)

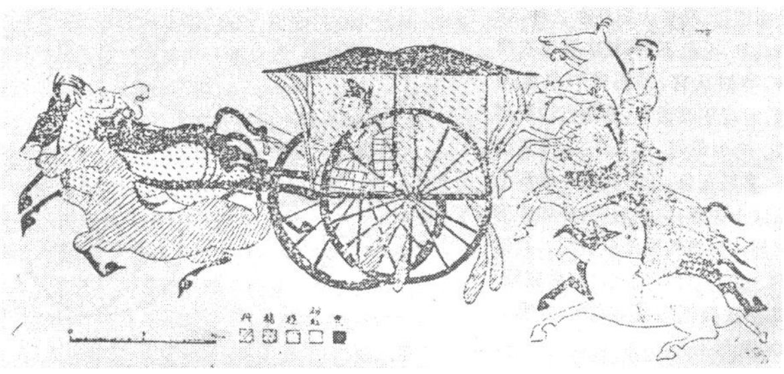

행렬도(남관실 북벽)

행렬도(남관실 북벽)

행렬도(남관실 북벽, 부분)

행렬도(관실남벽,부분)

樓闕, 백희도(후랑 동벽)

樓闕 지붕과 봉황, 까마귀

백희도

백희도

樓闕 왼쪽 '小府吏'

宴飮圖

5. 北園3號壁畫墓

(全國重點文物保護單位)

① **주소;** 遼陽市 白塔區 鐵西路26-58 鐵合金宿舍

② GPS **좌표;** N41° 17' 55.10", E123° 10' 51.50" (표지석 기준)

③ **입지**

북원1호벽화묘에서 동동남쪽 100m 떨어져 있으며, 철서로 북쪽에 근접해 있다. 북원 1호묘와 달리 담장이 있는 개인주택 앞마당 위치해 있어, 길가에서는 눈에 띠지 않는다 서쪽으로 50m 지점에 2호묘가 있다고 하나 이번 조사에서는 확인하지 못했다).

④ **현상**

표지석과 봉분이 일부 남아 있으며, 주변의 땅은 채소밭으로 사용되고 있다.

⑤ **개요**

1986년 8월에 발견되어 遼陽博物館에서 발굴조사를 진행했다. 그러나 발굴보고서는 나오지 않았고, 벽화의 사진이 『중국미술전집』·『중국출토벽화전집』등에 수록되어 있으며 인터넷 상에도 여러 점이 돌아다니고 있다.

묘실은 대형 석판으로 축조하였으며, 백회로 틈을 메웠다. 평면 '土'자형이고 묘실의 방향은 동남향이다. 동서 길이는 6.05m이며, 남북 넓이는 4.3m이다. 묘실 前廊과 後廊 좌우 양측에 耳室이 각각 하나씩 있다. 묘문은 가운데 두 개의 기둥을 세우고, 석판 세 개를 이용해 막았다. 전랑 뒤에는 3칸의 관실이 있고, 후랑 역시 좌우에도 이실이 있으며, 후랑의 후벽에 돌출한 또 하나의 소실이 있다.

발굴 당시 보존 상태가 양호하였으며, 유물 151점이 출토되었다. 유물은 대체로 전랑, 후랑 및 棺室에서 수습되었는데, 鐵刀、銅指環、銅鏡、銀鐲、五銖錢 등이 있다.

벽화는 주로 전랑, 후랑, 좌우 이실과 후실 내벽에서 발견되었는데, 그 중, 墓主宴飮、屬吏、가무 기악、주방과 가옥、말과 암소、蓋車 그림이 있으며, 묘문 기둥에는 문졸과 雲氣 그림이 있다. '講經閣' 장면이 훌륭하다고 하나, 확인하지 못했다.

축조 시기는 170~230년 사이, 즉 동한 晩期에서 曹魏 초로 추정되고 있다.

⑥ **참고문헌**

宿白 주편, 『中國美術全集』 繪畫篇12-墓室壁畵, 文物出版社, 1989

國家文物局 주편, 『中國文物地圖集』 遼寧分冊 下, 西安地圖出版社, 2009, 298쪽

徐光冀 主編, 『中國出土壁畵全集』 8-遼寧・吉林・黑龍江, 科學出版社, 2012

⑦ 도판

표지석

추정지

모형도

후실

묘실 내부

屬吏圖

前西耳室 서벽 속리도

문졸도

侍吏, 門犬圖

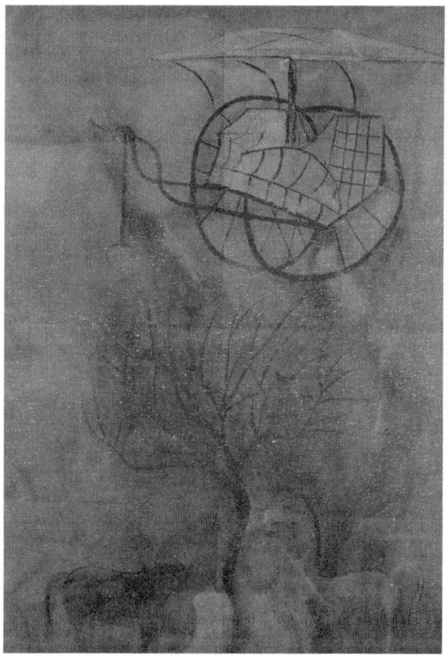

정원 車馬圖

宴飲歌舞圖

여묘주와 속리

6. 三道壕1號壁畫墓(三道壕窯業第2現場第1壁畫古墓)
(全國重點文物保護單位)

① **주소;** 遼陽市 太子河區 鐵西路 韓夾河村(三道壕)

② **GPS 좌표;** N41° 17' 41.78", E123° 11' 28.37" (표지석 기준)

③ **입지**

요양시 북쪽의 태자하구 한협하촌 주택구역의 서북쪽에 위치해 있다. 유적에서 동쪽으로 약 1km 거리에 태자하가 흐르며, 평원지대이다. 서남-동북 방향으로 뻗어 있는 長大線 철도와 남북으로 나있는 新華路가 교차하는 지점에서 정동방향으로 약 250m 거리에 있다. 신화로 3호를 전후하여 철길과 평행되게 동북향으로 나있는 샛길을 따라 동북쪽으로 약 200m를 지나, 다시 동남향으로 나 있는 길을 따라 약 100m 가면 유적이 있다. 북원고분군에서 남쪽으로 직선거리로 1km 가량 떨어져 있다. 令支令墓, 삼도호1호묘, 2호묘 3기 고분의 봉분이 동-서 방향으로 나란히 있는데, 삼도호1호분을 가운데 두고 동쪽에 1953년에 발견된 令支令張某墓, 서쪽에 삼도호2호묘가 있다. 이중 삼도호1호묘의 분구가 가장 크다. 유적의 남쪽과 북쪽은 모두 옥수수 밭과 채소밭으로 경작되고 있다.

④ **현상**

표지석은 1호분(가운데)의 남쪽에 있으나 넘어져있는 상태이고, 봉분 앞에는 '요양벽화묘군'이란 표지석이 있다. 봉분은 조사 후 조성한 것으로 추정되며 그래서 많이 남아있는 편이다. 2호분에서 영지령묘까지의 전체 거리는 65.5m(각 봉분 앞의 나무 기준)이다.

⑤ **개요**

1955년 5월 三道壕窯業2廠 採土場에서 2호분과 함께 발견되어, 東北博物館 文物工作隊에서 조사하였다. 발굴 당시, 묘실 윗부분 봉분의 흙은 거의 없어진 상태였다. 조사과정에서 52일에 거쳐 벽화의 모사도를 작성했으며, 조사를 마치고 묘문을 원래대로 밀봉하고 봉분을 쌓았으며, 주변에 배수시설을 만들어 침수되지 않게 조치했다.

지면으로부터 약 1m 깊이에서 천정 부분이 드러났는데, 묘실은 대형 석판으로 조성하고ㅗ 틈새는 백회로 메웠다. 묘실의 방향은 남향이며, 평면은 '凸'자형으로 길이 3.40m, 넓이 4.65m이다. 묘문은 격벽을 세워 4개로 조성했고, 대형 판석으로 밖에서 닫았다. 문을 들어서면 前廊인데, 전랑의 좌우에는 이실이 있다. 관실은 격벽 셋을 두어 네 부분으로 나누었고, 중간에 공간을 두어 통하도록 했다. 바닥과 천장은 판석으로 조성했으며, 尸臺도 판석으로 만들었다.

조사 당시 묘실 내부는 인위적인 훼손이 발견되지 않았다. 오른쪽 첫 번째 관실에서 머리를 북쪽으로 향해 안치되어 있는 老年 여성 인골 한구가 발견되었으며, 머리 옆에서 석회 재질의 베개[枕]와 돗자리 殘片이 수습되었다. 이로 미루어, 棺을 사용하지 않고 직접 시신을 시대에 안치했을 것으로 추정된다. 그 외 銅鏡、쇠가위、은비녀、자[尺]、오수전 등 유물이 수습되었다.

벽화는 좌우 양쪽 이실의 벽과 문기둥에서 확인되는데, 벽면에 직접 그림을 그렸으며, 비록 많지는 않으나 발굴 당시까지만 하더라도 비교적 뚜렷하게 남아있었다고 한다. 묘문 왼쪽 기둥에는 목줄을 한 守門犬 한 마리가 바깥쪽을 향해 있으며, 기둥과 들보에는 붉은색 雲文이 그려져 있다. 오른쪽 이실의 세 벽에는 각각 남녀가 대좌한 모습이 있고 그 사이에 시녀가 그려져 있다. 왼쪽 이실에는 부엌과 우물, 그리고 車馬의 그림이 그려져 있다.

축조 시기에 대해서는 동한시대라는 견해도 있으나, 최근에는 4세기 초에서 30년대, 즉 동진시기로 추정되고 있다.

⑥ 참고문헌

東北博物館, 「遼陽三道壕兩座壁畫墓的淸理工作簡報」, 『文物參考資料』 1955-12

徐光冀 主編, 『中國出土壁畫全集』 8-遼寧・吉林・黑龍江, 科學出版社, 2012

⑦ 도판

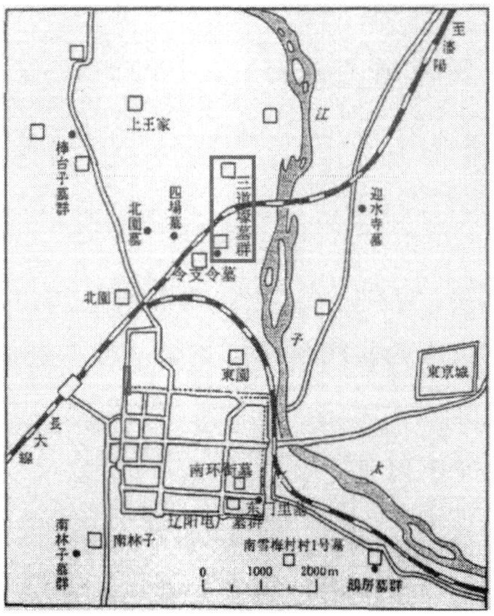

위치도 1

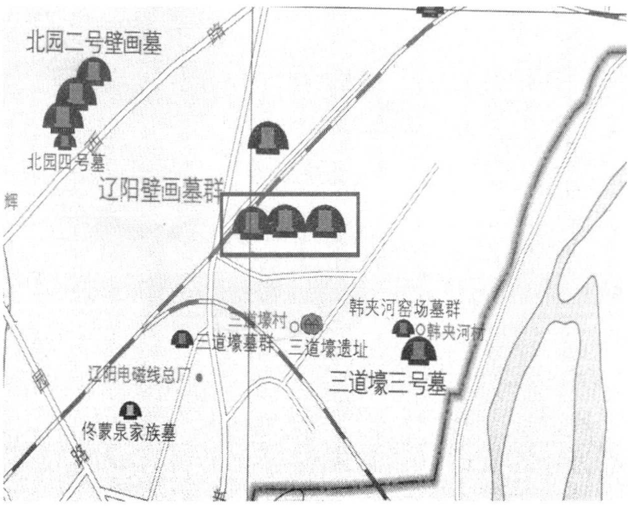

위치도 2

봉분과 요양벽화묘군 표지석

넘어진 삼도호묘 표지석

분구

분구

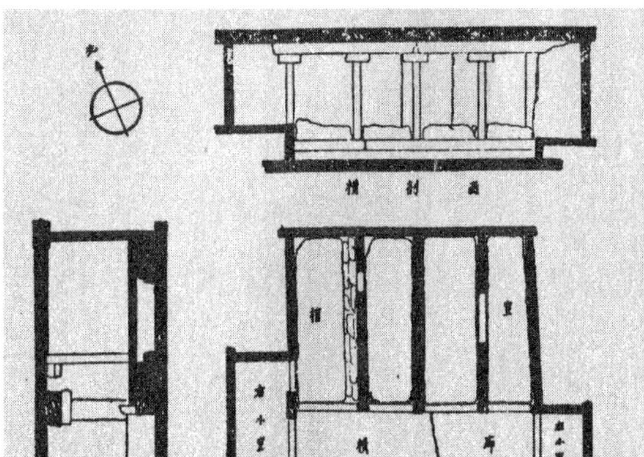

구조도

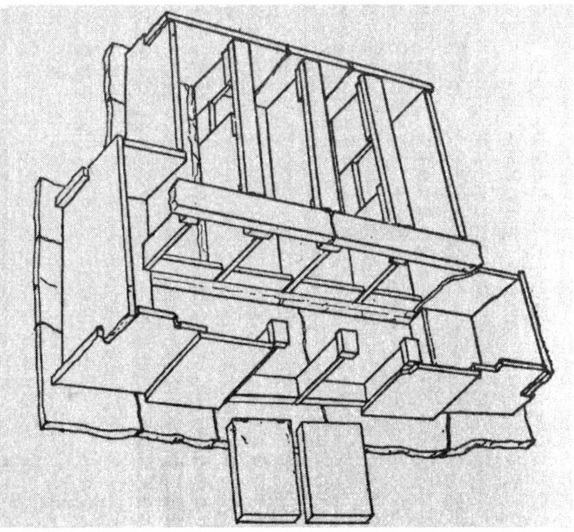

투시도

부부대좌도(우소실 전벽)

부부대좌도(우소실 우벽)

부부대좌도(우소실 후벽)

주방도(좌소실 좌벽)

7. 三道壕2號壁畫墓
(全國重點文物保護單位)

① **주소;** 遼陽市 太子河區 鐵西路 韓夾河村(三道壕)

② GPS **좌표;** N41° 17' 42.15", E123° 11' 28.52" (봉분 기준)

③ **입지**

삼도호1호묘 참조.

④ **현상**

삼도호1호묘、영지령묘와 함께 무덤떼를 이루고 있으며, 삼도호1호묘의 바로 서쪽에 있다. 삼도호1호묘 앞에 '요양벽화묘군'이란 표지석이 있을 뿐, 별도의 표지석은 없다. 분구가 있으며, 그 위에 나무와 풀이 무성하였는데, 원래부터 남아있던 것이 아니라 발굴 후 새로 쌓은 것으로 여겨진다.

⑤ **개요**

삼도호1호묘와 함께 1955년 三道壕窯業第2廠 부지의 지하에서 발견되어, 삼도호1호분과 같이 조사되었다. 그래서 三道壕窯業第二現場第二壁畵古墓라고도 한다. 묘실의 구조나 축조방식, 석재가 삼도호1호분과 유사하나 규모가 조금 작다. 길이는 3m이고, 넓이는 2.75m이다. 묘문은 두 짝으로 이루어졌고, 입구에는 전랑이 있으며, 전랑 오른쪽에는 장방형의 이실이 있다. 회랑 뒤쪽에는 관실 두 개가 조성되어 있으며, 격벽에 창을 만들어 서로 오른쪽 관실에는 판석으로 된 시상이 있고, 오른쪽 관실에서 수습된 유골은 머리를 북쪽으로 향하고 있으며, 허리 부분에서 오수전 102매가 발견되었다. 그 외에도 陶盆、陶罐 몇 점이 수습되기도 했는데, 漢墓에서 출토된 일반적인 토기에 비해 거칠다.

벽화는 묘실의 침수로 말미암아 심각하게 훼손되었으며, 오른쪽 이실의 우벽에 일부 남아 있을 뿐이다. 이 벽면의 높이는 1.2m이며, 넓이는 1.8m이다. 벽의 오른쪽에 장막 아래 남녀 한 쌍이 마주앉은 모습이 그려져 있는데, 묘주 부부일 것으로 추정된다. 천장 부분에 해[日], 벽에서는 소와 수레 흔적이 어렴풋이 확인된다.

삼도호 2호분의 축조시기에 대해 보고서는 1호분과 마찬가지로 후한 말기에서 서진 초기로 추정했지만, 최근에는 시기를 좁혀 4세기 초에서 30년 사이로 보고 있다.

⑥ **참고문헌**

東北博物館, 「遼陽三道壕兩座壁畫墓的淸理工作簡報」, 『文物參考資料』, 1955-12, 문화부사회

⑦ 도판

1호분에서 본 2호분

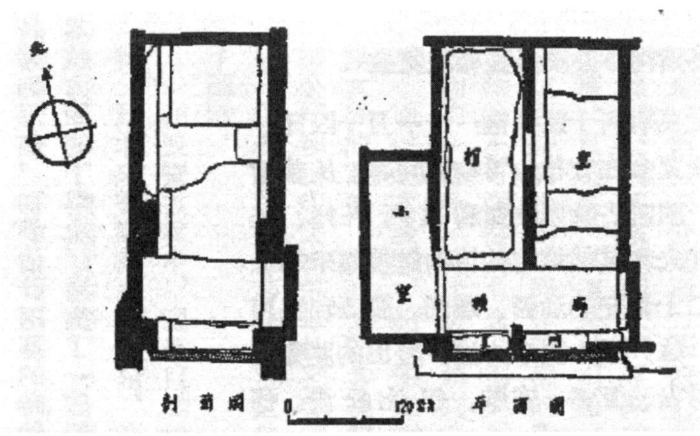

구조도

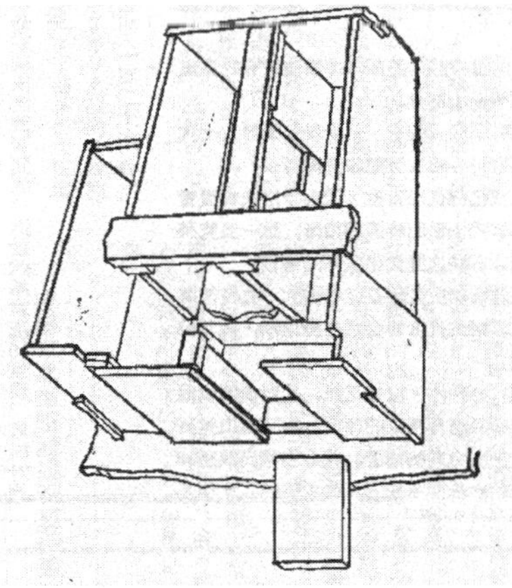

투시도

8. 令支令墓
(全國重點文物保護單位)

① **주소;** 遼陽市 太子河區 鐵西路 韓夾河村(三道壕)

② **GPS 좌표;** N41° 17' 42.20", E123° 11' 26.72" (봉분 기준)

③ **입지**

삼도호1호묘 참조.

④ **현황**

삼도호1,2호묘와 무덤떼를 이루고 있으며, 삼도호1호묘의 바로 동쪽에 있다. 삼도ㅛ1호묘 앞에 '요양벽화묘군'이란 표지석이 있을 뿐, 별도의 표지석은 없다. 분구가 있으며, 그 위에 나무와 풀이 무성하였는데, 원래부터 남아있던 것이 아니라 발굴 후 새로 쌓은 것으로 여겨진다. 분구는 삼도호1호묘 보다는 작다.

⑤ **개요**

1953년 7월 遼陽窯廠 제2현장 남부에서 취토 중 발견되었다. 삼도호1,2호묘가 1955년에 발견되었으므로, 요양벽화묘군 중 가장 먼저 발견된 것이다. ajsw 그래서 取土場 남부에서 발견되었다. 유적 발견 당시 주변에서 일부 磚墓와 甕棺墓群이 발견되기도 했다. 유적 주변 지표에서 漢魏에서 遼金시기의 토기편 및 기와편이 대량으로 散布되어 있었는데, 한위 시기의 것이 많으며, 그 중 雲文 기와편이 주목된다.

묘실의 천장은 지표에서 1.8m 아래에 있었으며, 주변의 흙은 거의 채취해간 상태이므 원래 봉분의 높이를 알 수 없다. 묘실은 대형 靑石板을 사용해 축조했고, 판석 사이의 틈은 석회로 메웠다. 묘실은 평면 'T'자형으로 전체 길이는 3.44m이고, 넓이는 3.62m이며, 묘실의 방향은 동쪽으로 12도 치우친 북향이다. 묘문은 前壁 중앙에 위치해 있으며, 중앙에 기둥을 세워 두 부분으로 나누고, 거대한 두 매의 판석을 이용해 밀봉했다. 묘실은 전랑과 전랑 、左廊、右小室(44×63cm)、棺室로 구성되어있다. 소실 바닥에는 돌을 깔았으며 전랑보다 29cm 정도 높다. 관실은 가운데 격벽을 세워 두 부분으로 나누어져 있고, 격벽에는 네모난 작은 창을 뚫었다. 관실의 입구에는 모두 높이 20cm의 돌을 세웠으며, 바닥의 높이는 전랑 바닥에 비해 16cm가량 높다. 관실 벽면 위에 긴 石枋을 올리고 그 위에 蓋石을 얹었다. 관실에서 인골 3구가 수습되었는데, 모두 머리가 북쪽을 향해 있었다. 두개골 근처에서 元寶形 석회 덩어리가 발견되었으며, 그 외 陶罐、銅帶鉤 등 유물이 수습되었다.

벽화는 우소실의 전、우、후 세 벽과 묘문의 좌벽에서 발견되었으며, 좌랑의 좌벽에서는 단지 흔적만 확인되었다. 그림은 묵선으로 윤곽을 그린 다음, 내부를 여러 가지 색을 도색을 하였다.

벽화에는 人馬圖, 家居圖, 庖廚圖 등이 있다. 인마도는 우소실 전벽에 있는데, 상, 중, 하 세 층으로 나뉜다. 상층에는 머리에는 네모난 깃발을 꽂고 등에는 큰 짐을 지고 있는 말이 있고, 그 뒤에 마부 한명이 그려져 있는데, 담홍색 幘을 쓰고, 붉은색 짧은 상의에 분홍색 바지를 입고 있다. 가운데 층에는 누른 색 옷을 입은 마부 한명이 짐을 실은 말 두 필을 끌고 있다. 아래층에는 안장을 갖춘 말 두 마리가 보이며, 그 뒤에도 말과 마부 그림이 있었을 것으로 짐작되지만, 탈색되어 분별하기 어렵다.

家居圖는 우소실의 우벽과 후벽에 걸쳐 묘사되어 있다. 벽화의 높이는 45cm이며, 폭은 175cm이다. 벽화는 세 칸의 집안에 칸마다 1명씩이 측면을 보고 앉아있는 장면이다. 오른쪽 칸에는 휘장 아래 남성 한명이 평상 위에 정좌해 있는 모습이 그려져 있는데, 검은색 三梁冠을 쓰고, 짙은 붉은색 袍를 착용하고 있다. 옷소매는 짙은 녹색이며 두 옷소매를 모은 모습으로 왼쪽을 향해 비스듬히 정좌해있는데, 묘주로 추정된다. 평상좌 아래에 검은색 신이 있으며, 오른쪽에 시종 한명이 그려져 있다. 묘주 뒷부분에 예서체 묵서가 2行이 확인되는데, 첫 행은 4자, 두 번째 행은 3자이다. 내용은 "ㅁ令支令張ㅁㅁ"인데, 첫 글자는 모호하여 정확한 식별이 불가하나, '山'자가 희미하게 남아 있어, '巍'자처럼 보인다. '巍'는 漢魏시기에 '魏'와 혼용되는 글자이다. 다음 칸에는 휘장 아래에 한 여성이 평상 위에 앉아 묘주와 마주보고 있다. 그러나 머리 부분만 확인 가능하고, 몸통은 퇴색이 심해 식별하기 어렵다. 이 여성의 앞에는 시녀의 상체가 보이고, 뒤에는 "ㅁ夫人"이라는 묵서 세 글자가 있다. 평상 아래에는 신 한 켤레가 있으며, 묘주와 여성 사이의 기둥 아래는 두꺼비가 웅크리고 있다. 세 번째 칸도 묘주 쪽을 보고 앉은 한 여성이 그려져 있는데, 앞의 두 인물에 비해 크기가 조금 작다. 그 배후에 "公孫婦人"이라는 묵서가 선명하게 남아 있다. 한때 요동지역을 장악했던 공손씨 집안의 여성이 아닌가 한다. 이 여성의 앞에는 시종이 한 명 서있다. 앞의 여성이 본부인이라면. 뒤의 여성은 후처 또는 첩으로 여겨진다.

庖廚圖는 묘문 왼쪽 벽에 그려져 있는데, 일부만 남아 있다. 여러 식재료가 걸려 있는데, 물고기 두 마리, 새 두 마리, 그리고 정체불명의 네모난 물건이 걸려있다.

'巍'란 글자로 미루어 묘주는 曹魏人이라 할 수 있으며, '令支令張ㅁㅁ'란 묵서로 미루어 遼西郡 令支縣(河北省의 遷安縣) 縣令을 역임한 장씨 성의 인물임을 짐작할 수 있다. 따라서 무덤의 축조시기도 공손씨 멸망(238) 이후의 曹魏(220~265)시기로 볼 수 있지 않을까 한다.[22)]

三道壕窯業 제2현장에 위치하며, '令支令張□'란 묵서가 발견되었으므로, '三道壕窯業第2現場令支令張君墓'라고도 한다.

22) 淸 錢儀吉의 『三國會要』 「輿地, 魏州郡」 에 의하면, 영지현은 조위 내내 존속된 것이 아니라 어느 때인가 요서군 肥如縣에 병합되었다고 한다.

⑥ 참고문헌

李文信,「遼陽發現的三座壁畫古墓」, 『文物參考資料』1955-5, 文化部社會文化事業管理局 (『李文信考古文集』, 遼寧人民出版社, 1992 재수록)

藤田國雄, 「遼陽發現の三壁畫古墓」, 『Museum』 59, 東京国立博物館, 1956

⑦ 도판

외형

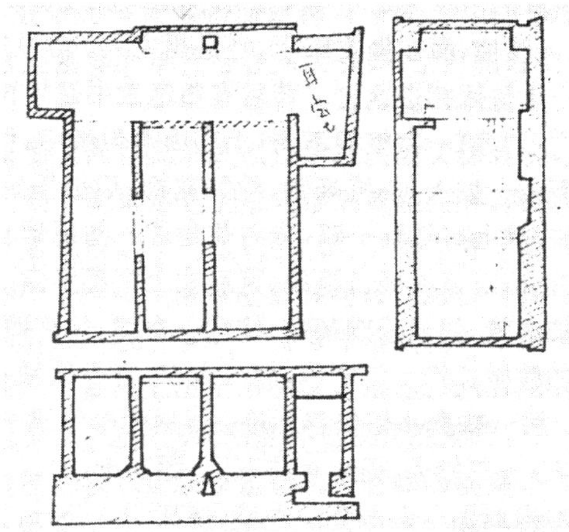

구조도

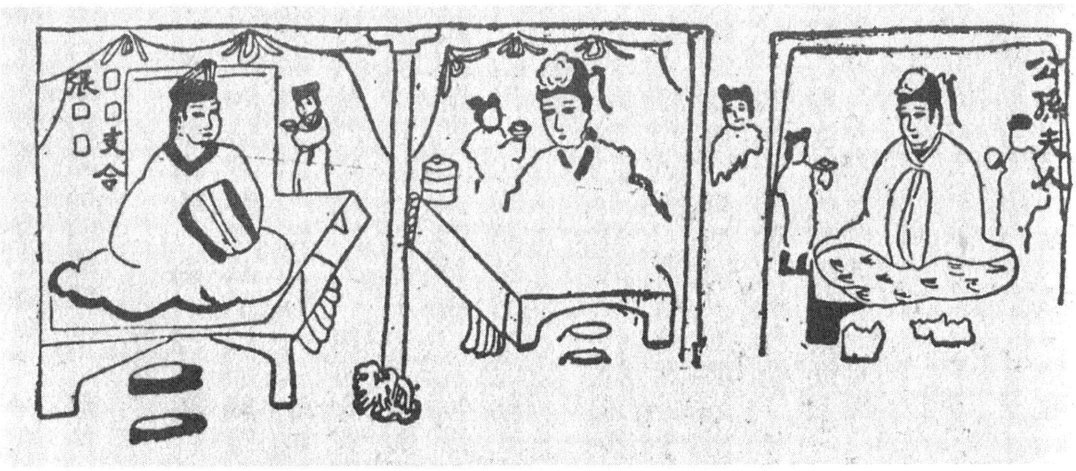

가거도(우소실)

9. 三道壕3號壁畫墓

(全國重點文物保護單位)

① **주소;** 遼陽市 太子河區 鐵西路 韓夾河村(三道壕)

② **GPS 좌표;** N41° 17' 39.82", E123° 11' 22.31" (표지석 기준)

③ **입지**

삼도호1、2호와 영지령묘에서 서남쪽으로 약 100m 떨어진 거리에 있으며, 남북으로 나 있는 길의 동쪽에 위치해 있다.

④ **현상**

현재 옥수수 밭으로 사용되고 있으며 표지석은 유적의 서쪽에 위치해 있다.

⑤ **개요**

1974년 8월 三道壕生産隊員이 채소밭을 갈다가 발견되었고, 곧바로 요양시문물관리소에서 조사를 진행하였다. 고분의 천정은 지표면으로부터 1.8m 깊이에 있다. 묘실은 淡青色 석회암 석판을 이용해 축조했으며, 석회로 틈을 메웠다. 무덤의 방향은 서쪽으로 10도 치우친 남향이다(190도). 평면 '工'자형으로, 좌우 이실이 딸린 선실과 두 개의 尸臺가 있는 관실, 역시 좌우 이실이 딸려있는 후실로 구성되어있다. 전후 길이는 4.5m이고, 좌우 넓이는 1.26m이며, 높이는 1.8m이다.

시대에서 인골 2구가 수습되었는데, 머리가 북쪽을 향하게 안치되어 있었다. 銅製 耳杯, 骨飾 잔편 및 灰陶碗, 燈, 銀頂針, 鐵剪 잔편 등의 유물이 수습되었다. 그 중 이배의 형태는 漢墓에서 흔히 발견되는 陶杯의 형태와 흡사하다.

벽화는 먼저 묵선으로 윤곽을 그리고 내부를 다양한 색으로 칠을 했다. 그러나 묘실 내부의 습도가 높은데다가 침수가 발생해 벽화가 박락되는 등 심각하게 훼손되어 식별이 어려운 상태이다. 벽화 주제로는 飮食圖、牽馬圖、누각도 등이 있다.

음식도는 전실 오른쪽 이실의 서벽과 북벽에 걸쳐 그려져 있으며, 묘주 부부가 마주앉아 시종들의 시중을 받으면서 음식을 즐기는 장면이다. 벽화의 화폭은 1.63m이며 높이는 0.8m이다. 서벽에는 남성 한명이 장막이 드리워진 방에 정좌해 북벽에 있는 여성을 마주보고 있다. 긴 袍와 높은 冠帽를 착용하고 두 손을 공손히 모으고 있다. 그 앞뒤로 시종 몇몇이 시중들고 있다. 북벽에는 서벽의 남성을 마주보는 여성 한 명이 그려져 있다. 方榻에 앉아 있으며, 붉은색 花裙에, 높은 관모를 착용하고 있는데, 그 전후에도 시종 한명 씩 그려져 있다.

견마도는 전실 왼쪽 이실 동벽에 그려져 있다. 그림의 왼쪽에 붉은 색 鞍馬 한필이 있으며, 오른쪽에 마부 한 명이 묘사되어 있다. 손에 붉은 색 고삐를 잡고 말을 향해 서있는 모습이다. 짧고 좁은 袴를 입고, 검정색 신을 신고 있으며, 머리는 結髮을 하고 있다.

누각도는 후실 북벽에 그려져 있다. 묵선으로 2층 누각 한 채를 그렸는데, 높이가 43cm, 넓이가 46cm이다. 그 외 묘문의 양측벽 끝자락과 들보에 雲氣장식문이 확인된다.

축조 연대는 대개 漢魏시기로 판단된다.

⑥ 참고문헌

遼陽市文物管理所, 「遼陽發現三座壁畫墓」, 『考古』, 1980-1.

⑦ 도판

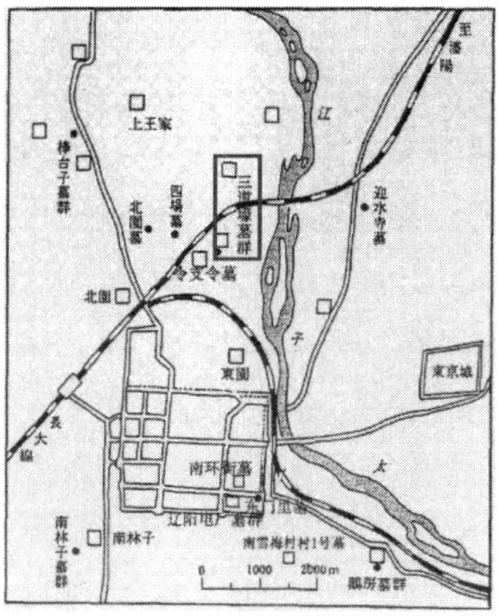

위치도 1

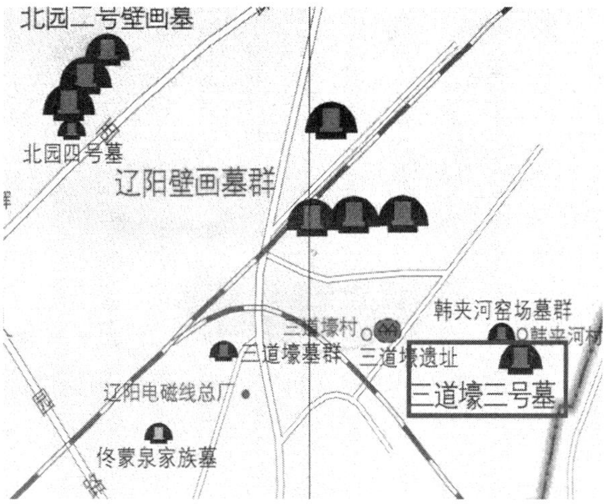

위치도 2

표지석

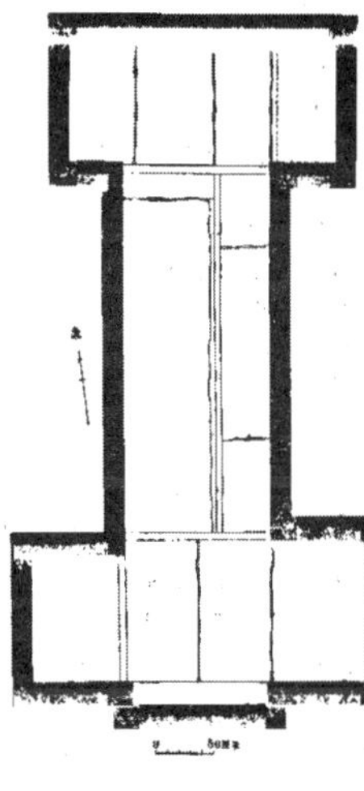

평면도

宴居圖

10. 東門里壁畫墓

(遼寧省文物保護單位)

① **주소;** 遼陽市 文聖區 文廟街 東順城路151號路 동쪽

② GPS **좌표;** N41° 15' 37.29", E123° 11' 54.22" (추정 위치; 두 전신주 사이)

③ **입지**

요양시 중심지역인 文聖區에서 조금 동남쪽으로 치우쳐 있다. 동쪽으로 불과 5~600m 거리에 태자하가 흐른다. 文聖路 204호를 전후한 지점에서 西大街를 따라 동쪽으로 약 500m(혹은 文廟公園에서 서대가를 따라 동쪽으로 약 400m) 이동하면 유적이 위치한 장소가 있다. 이곳은 明代 舊遼陽城 동벽 남단의 平夷門에서 남쪽으로 75m 떨어진 성벽 내측의 기초부분에 해당한다.

④ **현상**

주변 아파트의 신축으로 표지석, 봉분 등이 모두 소실된 상태이다. 발굴보고서 등 관련 자료에 근거해 대략적인 위치를 파악하고 조사를 나갔을 때, 대규모 공사가 한창 진행되고 있어 현장 확인이 어려웠다. 다행히 현지 주민들의 설명을 토대로 주변을 수색한 결과 표지석을 세웠던 것으로 추정되는 기단을 발견했으며, 또 요동성 동문의 잔해와 동전을 비롯한 유물 일부가 건축현장에 방치되어 있는 것을 확인할 수 있었다.

⑤ **개요**

1986년 채소저장용 구덩이를 파다가 발견되었으며, 즉시 요녕성박물관 문물대와 요양시 문물관리소에서 발굴조사를 실시하였다. 고분은 요양성 밑에 묻혀있어 봉분은 봉분은 남아있지 않다. 그러나 성벽의 기초부분이 지하에 2.15m 정도 남아 있었는데, 고분의 개석이 그보다 0.6m 아래에서 발견되었다. 개석은 이미 여러 군데 단열된 상태이나, 묘실 위로부터 25cm 두께의 토층은 고분 조영 당시의 것으로 짐작된다.

평면구조는 'T'자형으로, 동서 두 관실이 있고 그 뒤에 明器室이 있다. 길이는 3.6m이고, 넓이는 3.1m이며, 높이는 1.54m이다. 무덤의 방향은 서쪽으로 10° 치우친 남향이며, 남벽에 위치한 묘문은 좌우 두 문이 있고 묘문을 들어서면 바로 관실이다. 묘실은 바닥과 벽 및 천장을 모두 판석으로 조성했으며, 백회로 틈 사이를 메웠다. 묘실 내부에 기둥 세 개를 세워 동서 방향으로 두 개의 관실을 조성했다. 明器室은 묘실 뒷부분에 있으며, 관실 보다 조금 폭이 넓다. 바닥에 판석을 깔았으며, 관실 바닥보다 50cm 높다. 두 관실에 석판을 깔아 尸床을 만들었는데, 바닥에서 10cm 정도 떨어지도록 그 아래에 돌을 받쳤다. 시신은 머리가 북쪽을 향하게 안치되어 있으며, 두개골 근처에서

백회로 만든 베개가 발견되었다. 수습된 인골 양상으로 미루어 이 고분은 가족무덤이며, 아이가 부모의 무덤에 합장되었을 것으로 추정된다. 천정은 평천정이다.

이 고분은 도굴되지 않았으므로 부장품이 원래의 위치대로이며 대부분 완전한 형태이다. 부장품은 주로 묘실 뒤의 명기실에서 확인되었는데, 모두 35종 72점(五銖錢 117매를 통틀어 1점으로 계산함)이나 그중 토기가 29종 62점으로 대부분을 차지한다. 그 밖에 鐵刀、漆奩、半兩과 五銖錢 등의 화폐가 수습되었다. 유물은 다양하고 많지만, 질서정연하게 배치되어 있는데, 명기실에서 음식과 기거에 필요한 생활용구들은 동반부에, 제기류는 서반부에 둔 것이 그것이다.

벽화는 묘실의 동서 두 벽, 橫枋, 기둥 및 천정에 그려져 있다. 잘 다듬어진 벽면에 직접 그렸으며, 먹으로 윤곽을 그리고 그 위에 朱, 靑, 黃, 白 등의 색을 입혔다. 연대가 오래되어 많이 퇴색되기는 했으나, 묘실 벽의 상부와 횡방에 묘사된 문양, 서벽에 배치된 出行圖 등은 보존상태가 비교적 양호한 편이다.

門卒圖는 묘문 내측의 첫 번째 板形 기둥의 동쪽 측면에 그려져 있는데, 방형 방패와 환두도를 잡고 묘문을 마주보게 그려져 있다. 검은색 牛心幘을 쓰고, 右衽 양식의 短衣를 착용하고 있다.

小史圖는 세 번째 기둥의 동측에 그려져 있다. 머리에 검은색 單梁 進賢冠을 쓰고, 허리가 가는 청색 長袍를 착용하고 있으며 역시 묘문을 향하게 배치되어 있다.

出行圖는 묘실 서벽에 그려져 있는데, 높이 71cm, 길이 2.3m이다. 벽화 윗부분에는 물결무늬장식 문양, 중간 부분에는 飛廉으로 추측되는 동물이 그려져 있다. 장식무늬 아래에 드리워진 장막을 그렸고, 그 아래에 말을 타고 인도하는 두 인물을 그렸다. 한 명은 머리에 검은색 幘을 쓰고, 우임의 白袍를 착용하고 있으며, 머리를 돌려 뒤를 바라보고 있다. 다른 한명은 같은 관모와 복식을 착용하고 오른손에 환두 철도를 들고 있는데, 고리부분에 玉璧 장식이 달려있다. 그림의 뒷부분에 지붕이 있는 소 수레 하나가 뒤따르고 있다.

宴居圖는 묘실 동벽에 그려져 있는데, 높이 75cm, 길이 2.4m이다. 윗부분에는 물결무늬 장식이 있는데, 서벽 출행도 윗부분의 장식문양과 같은 형태이다. 장식무늬 중간 부분에는 羊首人身의 怪獸 두 마리가 쫓고 쫓기는 듯 한 모습이 있는데, 머리에는 휘어진 뿔이 돋아 있으며, 몸에는 긴 털이 덮여있다. 그 아래에 휘장이 그려져 있고, 휘장 아래 북단에는 검정색 관을 쓰고 포를 착용한 남성 좌상이 있는데, 얼굴 부분은 탈색되어 식별이 어렵다. 그 남쪽에 허리가 가는 붉은 색 치마를 입은 여성 한 명이 있는데, 이 그림 역시 얼굴의 부분 탈색이 심각하다. 그 남쪽에 인물 세 명이 묘사되어 있는데, 두 명은 서 있고 한 명은 앉아 있다.

그 외, 묘실 내 명기실 앞의 橫枋 남면에 勾連文 장식문양이 있으며, 묘실 내 두 번째 기둥 동편에 流雲文이 그려져 있다. 또 묘실 천정에 日月星辰圖가 있는데, 해는 남쪽 부분 천정에 직경 27cm 크기의 붉은 원으로 그려져 있으며, 안에 검은색 烏形 흔적이 확인된다. 서쪽 관실 천정에 비슷한 크기의 赭色 원이 있는데, 내부에 검은색 그림 흔적이 있어 蟾蜍를 그렸을 것으로 추정된다. 달 주변에 붉은 색 원점 90여개가 찍혀 있는데, 규칙적이지 않고 별자리의 위치와도 대응되지 않지만, 별을 상징적으로 묘사한 것으로 추정된다.

동문리벽화묘는 北園、棒台子、三道壕 등지에서 발견된 벽화고분들에 비해 묘실 구조가 단순하며, 벽화 내용 또한 풍부하지 못하여, 요양지역 벽화고분 중 시기적으로 가장 빠른 2세기 후반(東漢晩期)에 축조된 것으로 여겨지고 있다. 피장자는 遼東郡에 소속된 三百石 文職 혹은 縣令 정도의 관리였던 것 같다.

東門里墓는 도굴되지 않은 상태로 발견되어, 대량의 유물이 수습되었을 뿐만 아니라, 벽화의 보존상태 또한 양호하여 벽화고분연구에 아주 중요한 자료를 제공해주고 있다. 따라서 이 고분은 요양지역 벽화고분 분류의 기준이 되기도 한다.

⑥ 참고문헌

遼寧省博物館 等,「遼陽舊城東門里東漢壁畫墓發掘報告」,『文物』1985-6.

⑦ 도판

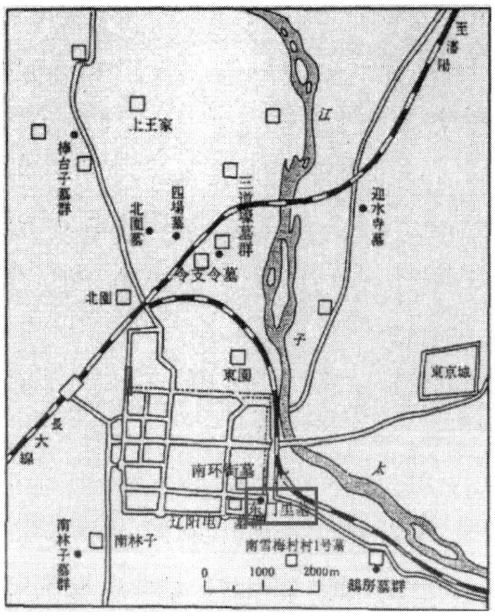

위치도 1

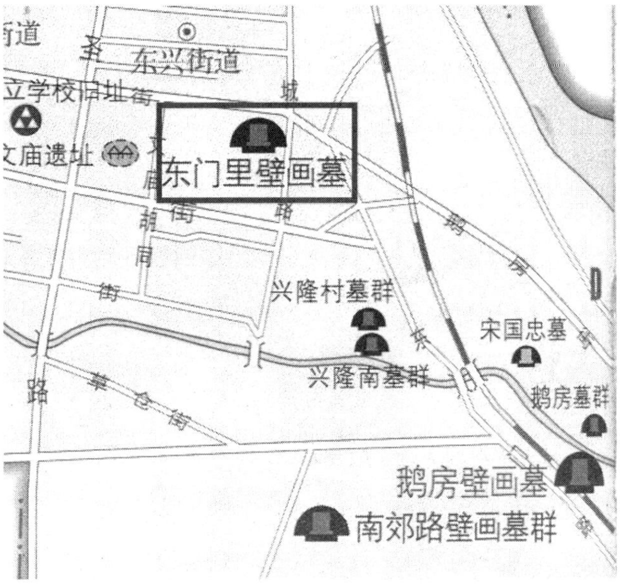

위치도 2

東門里墓 추정지

東門里墓 주변 석축

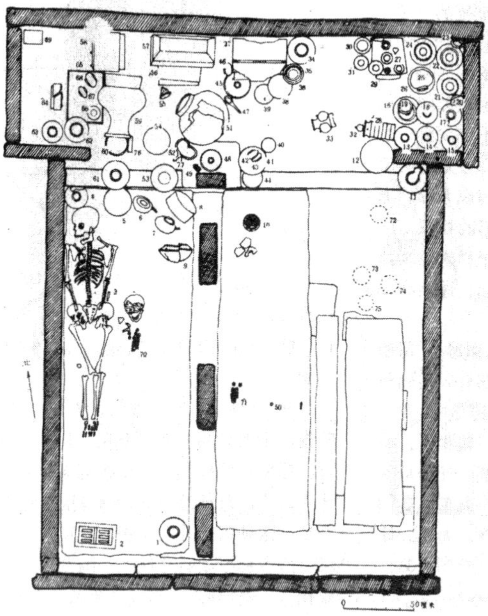

평면도

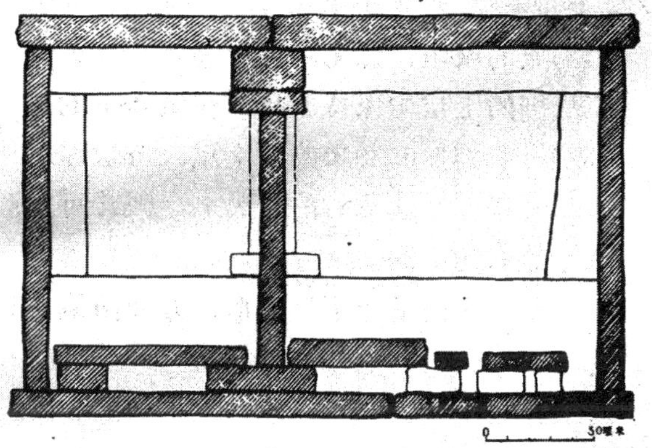

정면도

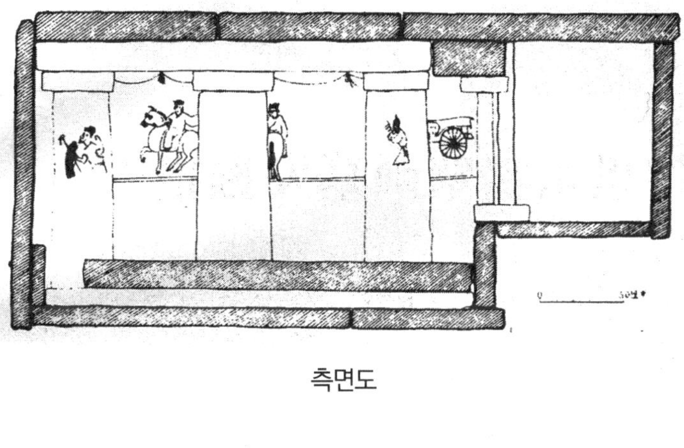

측면도

門卒圖

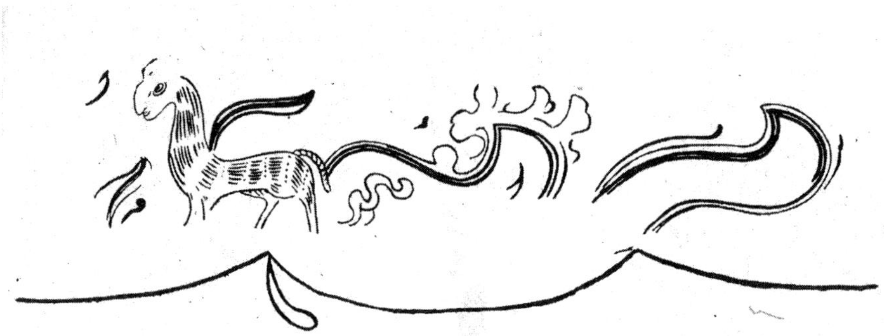

飛廉圖(묘실 서벽)

출행도(묘실 서벽, 부분)

출행도(묘실 서벽, 부분)

괴수도(묘실 동벽)

小吏圖(기둥)

宴居圖(묘실 동벽, 부분)

연거도(부분)

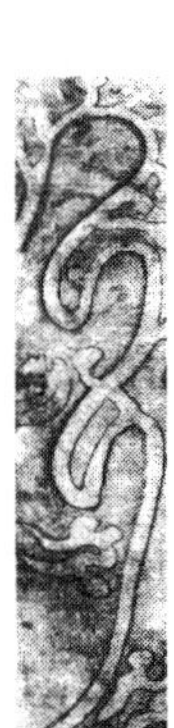

流雲文

11. 鵝房壁畫墓

(全國重點文物保護單位)

① **주소;** 遼陽市 文聖區 東興街道 東城社區 鵝房村

② **GPS 좌표;** N41° 14' 56.43", E123° 12' 51.40" (표지석 기준)

③ **입지**

요양시 文聖區의 동남쪽에 위치해 있으며, 동쪽으로 태자하와 불과 약 150m 거리에 있다. 서쪽으로는 철길을 사이에 두고 남교가벽화묘와 직선거리로 약 600m 떨어져 있는데, 도보로는 약 1km 거리이다. 서북-동남 방향으로 뻗은 新孤線 도로가 태자하의 지류를 가로 지나는 지점에서 남쪽으로 뻗은 샛길을 따라 200m 가서, 길가의 개인 주택 뒷마당에 있다.

④ **현상**

표지석은 있지만, 옥수수 밭과 배추 밭으로 개간되어 봉분은 이미 남아 있지 않다. 집주인(宋寶英)의 설명에 따르면, 표지석에서 봉분은 대략 12m 떨어져 있었다고 한다. 표지석은 가옥의 벽에 인접해 있으며, 봉분의 서쪽에 동쪽을 향해 세워져있다.

⑤ **개요**

1975년 11월에 발견되었으며, 遼陽市文物管理所에서 遼寧省博物館과 함께 조사를 진행하였다. 발굴 당시 묘실 천정은 지표면에서 1m 깊이에 위치해 있었으며, 묘실은 평면 '工'자형이며, 전후 길이는 4.8m, 좌우 넓이는 3.48m, 높이는 1.48m이다. 묘문의 방위는 서쪽으로 치우친 남향이며, 정확한 방위각은 210도이다. 묘문 중간에 기둥을 세우고 두 판석으로 문을 봉했다. 묘실은 전실, 좌우 이실, 관실, 후실로 구성되어 있다. 발굴 당시 묘실 내 습도가 높았으며, 벽면은 물에 침식되어 벽화 상당 부분이 박락되거나 퇴색된 상태였다. 현재로서는 벽화 8폭이 확인되고 있는데, 전실, 후실에 걸쳐 배치되어 있다. 벽화는 벽면에 회칠을 하고 그 위에 묵선으로 윤곽을 그린 다음 안료를 이용해 색을 입혔다.

持經圖는 전실의 좌이실 정면 벽의 중간 그려져 있는데, 높이 20cm, 길이 1.2m이다. 가로로 그은 붉은 색 선을 따라 남자 8명이 손을 모으고 공손히 앉아 있는 모습인데, 좌우 양쪽 끝의 두 인물은 비교적 작게, 중간의 여섯 명은 크게 그렸다. 모두 허리띠가 달린 녹색 袍을 입고, 머리에 進賢冠을 쓰고 있으며, 帛書 혹은 簡編을 들고 있다. 그 앞에 방형과 원형의 두 기물이 놓여 있는데, 무엇인지는 알 수 없다. 화면의 오른쪽 위쪽에 해가 그려져 있는데, 오른쪽 이실의 달과 짝을 이룬다.

宴飮圖는 전실 좌이실의 왼쪽 벽에 그려져 있다. 남녀 6명이 그려져 있는데, 오른쪽의 남자

셋은 왼쪽을 향해 손을 모으고 공손히 앉아 있는 모습이다. 머리에 黑幘을 썼으며, 紅綠色 袍를 입고 있다. 왼쪽에는 남녀 한 쌍이 오른쪽을 향해 앉아있는데, 남자는 머리에 흑책을 쓰고 장포를 입었으며, 여성은 남자의 뒤에서 붉은색 袍를 입고 공손히 앉아 있다. 이들 사이에 녹색 장포를 입은 한 인물이 물구나무서기 곡예를 하고 있다. 그 아래에 원형 漆盤 두 개와 방형 四短足漆案이 있으며, 거기에 원형 蓋盒이 놓여 있다.

樓閣圖는 전실 오른쪽 이실 정면과 후실 정면에 그려져 있다. 2층 누각을 그렸으며, 그 왼쪽 위에 둥근 달을 그려 왼쪽 이실의 해 그림과 대응된다.

拴馬圖(말을 매고 있는 그림)는 전실 오른쪽 이실 북벽에 그려져 있는데, 붉은 색 말 한필이 기둥에 고삐가 묶여 있는 모습이다.

그 외, 전실 오른쪽 이실 남벽에 사슴 한 마리가 그려져 있으며, 후실 오른쪽 벽에 오리 두 마리와 뱀이 묘사되어 있다.

그 외, 橫梁、柱斗 등에 붉은 색 交叉卷文 무늬가 장식되어 있으며, 후실 오른쪽 이실 정면에 숲속으로 도주하는 듯 한 짐승 한 마리가 확인된다.

또 아방1호묘에서는 灶, 瓢, 勺, 耬, 博山爐 등 토기 明器와 壺, 缽, 盆, 杯, 案, 瓶, 豆 등 泥質灰陶, 環首刀, 鏡, 銀器指環 등 60여 점의 유물이 출토되었다.

축조 시기는 170~230년대, 즉 동한만기에서 조위 초로 추정되고 있다.

⑥ 참고문헌

遼陽市文物管理所, 「遼陽發現三座壁畵墓」, 『考古』 1980-1.

⑦ 도판

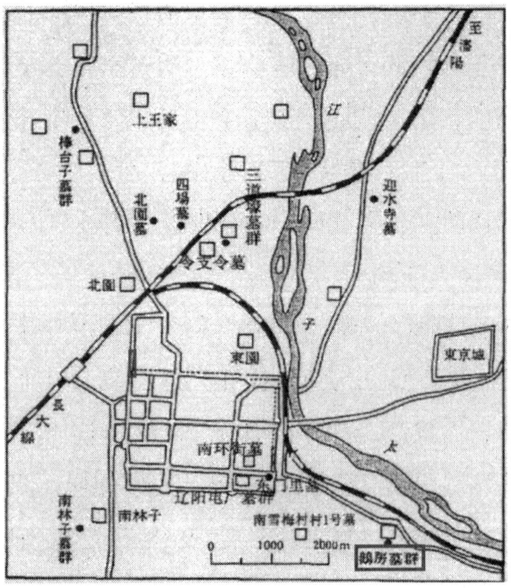

위치도 1

위치도 2

鵝房壁畫墓 표지석

표지석 앞

鵝房壁畫墓 추정지

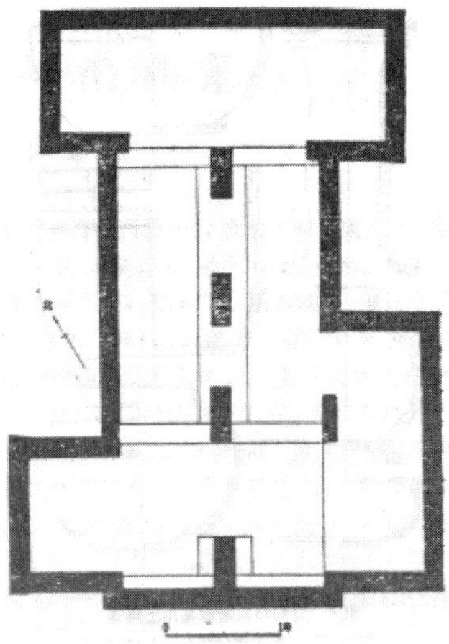

평면도

전실 좌이실 정벽 중부

전실 좌이실 좌벽

12~14. 南郊街東漢壁畫墓群(1, 2, 3號墓)
(遼寧省文物保護單位)

① **주소;** 遼陽市 文聖區 南郊街 148-2號 遼陽電力設備有限公司 내

② GPS **좌표;** N41° 15' 00.44", E123° 12' 03.90" (표지석 기준)

③ **입지**

요양시 文聖區의 동남쪽에 위치해 있다. 동쪽 1km 지점에 태자하가 흐르고 있으며, 남쪽 약 800m 거리에 남환가묘가 있다. 文聖路와 南郊街가 교차하는 지점에서 남교가를 따라 동쪽으로 약 600m를 가면 遼陽電力設備有限公司가 있는데, 공장 내부 최북단 공장 건물 앞쪽이 바로 유적이 있었던 곳이다. 위치로 미루어 鵝房壁畵墓群의 일부로 분류될 수 있다.

④ **현상**

봉분은 공장건물(廠房) 신축으로 인해 사라진 상태이고, 현재 표지석만 세워져 있다. 표지석은 공장 입구에서 남북으로 뻗은 공장 내부 길을 따라 북쪽으로 105m 들어간 곳에 남향을 하고 있다. 배치도에 의하면, 3기의 무덤은 동서 방향으로 배열되어 있는데, 동쪽에서 서쪽으로 가면서 일련번호를 붙였다. 배치도를 통해 추측해 보면, 1호묘는 공장건물 바로 왼쪽, 표지석에서는 동북쪽에, 2호와 3호묘는 공장건물 안에 있었다. 공장 내부에 위치해 있으므로 길가에서는 눈에 띠지 않을 뿐만 아니라 접근 자체가 어렵다.

⑤ **개요**

2003년 11월 遼陽電力設備有限公司의 공장건물 건설현장에서 발견되어, 2004년 3월 중순에서 4월 초에 걸쳐 遼寧省文物考古研究所에서 현장조사를 실시했다. 이 과정에서 石板墓 2기를 추가로 발견하여, 이들 3기의 고분(M1, M2, M3)에 대한 발굴조사를 2004년 4월부터 7월에 걸쳐 실시하였다. 보고서는 2008년에 발표되었는데, 여기서 주목되는 것은 墓壙을 확인하여, 무덤의 축조과정을 밝혔다는 점이다.

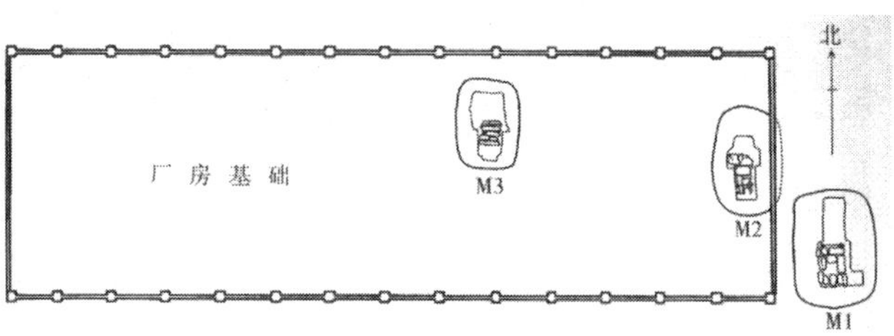

1호묘(M1)는 세 기의 무덤 중 가장 동쪽에 위치한 것으로, 발굴 당시 지상에 0.5m

높이의 타원형 분구(남북 14.4m, 동서 12.8m)가 남아있었다. 묘실 천정이 지표에서 1.3～1.4m 아래에서 발견된 점으로 미루어 묘실은 지하에 墓壙을 파고(동서 5.34m, 남북 5.6m) 그 속에 축조되었음을 확인할 수 있다.

묘실은 대형 靑石 판석을 이용해 축조하고 白灰로 틈을 메웠으며, 크기는 길이 5m이고 폭 4.4m이고 묘향은 서쪽으로 20° 기운 북향이다. 평면은 거의 정방형이며, 前廊、側廊、棺室、後室、耳室로 이루어진 복잡한 구조이다. 묘문은 둘인데, 하나는 북벽에 나있고, 다른 하나는 후실 동벽에 나있는데, 정문은 북벽 문이다. 전랑은 동서가 길고 남북이 짧은 장방형(2.88m×1.04m)이고, 높이는 1.9m이다. 묘실의 한 가운데는 관실인데, 중간에 격벽을 두어 2칸으로 나누었다. 관실을 중심으로 동쪽에는 측랑, 서쪽에는 둘로 나누어진 이실, 뒤에는 후실이 있다.

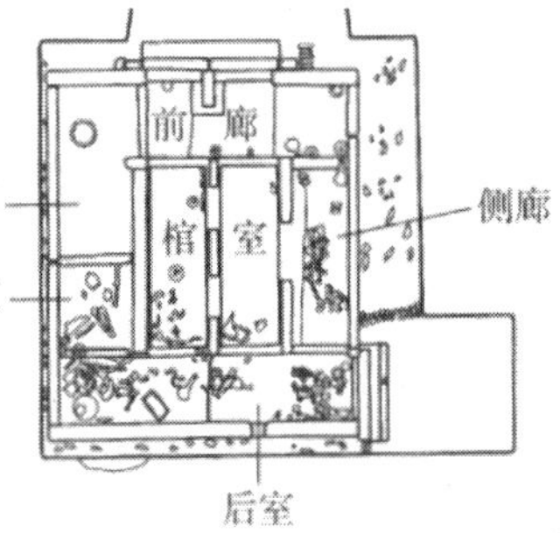

묘실내부 명칭

묘실에서 인골 3구를 수습하였으나, 도굴과 자연 침수로 인해 묘실 내에서 산재해 발견되어 정확한 頭向을 파악할 수 없다.

벽화는 석판에 직접 그렸는데, 많은 부분이 지워지고 확인 가능한 것들은 다음과 같다. 묘문 양측의 기둥에 雲氣文이 그려져 있으며, 모두 5폭이다. 묘실 내 여러 부분에서도 벽화가 확인되었는데, 정문 중간에 남북으로 돌출한 기둥의 동측에는 동쪽을 향하고 있으며, 두 손으로 弩의 시위를 잡고 있는 門吏圖가 있다. 전랑의 북벽에는 回廊圖가 그려져 있는데, 회랑은 기둥은 다섯이며, 윗부분과 아랫부분에는 격자무늬가 있다. 북이실 북벽에는 屬吏奏事圖가 그려져 있다. 묘주가 서측에 정좌해서 동쪽을 향해 屬吏 다섯 명을 마주보고 있는 구도이다. 속리 다섯 명 중, 앞으로 첫 인물은 무릎을 꿇고 있고, 뒤에 네 명은 손에 笏을 잡고 공손히 서있는 모습이다. 속리들은 모두 소매가 넓고 허리에 띠가 있는 袍를 착용하고, 머리에 進賢冠을 쓰고 있다. 宴飮圖는 북이실 서벽 남측에 그려져 있다. 묘주 부부로 보이는 두 인물이 장방에 앉아 음식을 즐기고 있고, 그 주변에 시종 다섯 명이 시종을 들고 있는 모습이 묘사되어 있다. 두공[櫨斗] 혹은 들보[石梁]에는 靑山圖가 그려져 있는데, 모두 중첩된 삼각형 모양의 문양으로 묘사되어 있다. 전랑 동측 천장에는 太陽이 있는데, 삼족오는 확인되지 않는다. 전랑 동벽에서 측랑의 동벽에 걸쳐 車馬出行圖가 있다. 전랑 동벽 수레가 선두이며, 측랑에는 상하 두 열로 나누어 기마무사와 수레들이 그려져 있다.

부장품은 70여 점이 수습되었는데, 토기가 대부분이고, 그밖에 옥기、석기、골기 등이 있다.

2호묘(M2) : 1호 묘의 서쪽에 있으며, 묘실은 남북향으로 조성되어 있으며, 방위각은 20도이다. 묘실은 '丁(T)'자형이며, 남북 길이 4.8m, 동서 넓이 1.8～1.3m이다. 석판을 이용해 묘실 벽면과 바닥, 천정을 조성했다. 묘문은 판석 두 개를 이용해 밀봉했다. 묘실은 前室, 전실 동서 양측의 耳室·主室(관실)·後室로 구성되었는데, 관실의 중간에는 기둥을 세워 두 부분으로 나누어져 있다.

묘문 내측의 기둥과 전실 서측 이실 남벽 및 주실 서벽, 후실 서벽에 붉은 색 雲氣文이 그려져 있으며, 주실의 동쪽 벽 상부에 구름과 붉은 색 瑞獸 형상이 묘사되어 있다. 그 외, 후실 남벽에서 일부 장식문양이 확인된다.

부장품 60여 점 수습되었는데, 그 중 토기류가 50점이고, 나머지는 동기, 철기, 석기, 골기 등이다.

3호묘(M3) : 2호묘 서쪽에 있으며, 남북향으로 조성되었고, 방위각은 210도이다. 묘실은 '丁(T)'자 모양이며 남북 길이 3.74m이고, 동서 넓이 3.3m이다. 석판을 이용해 묘실 벽면과 바닥, 천정을 조성했다. 묘문은 판석 두 개를 이용해 밀봉했다. 묘실은 主室(관실)과 이실, 後室 3 부분으로 구성되어 있는데, 주실에 尸床 두 개가 조성되어 있다.

벽화는 심각하게 훼손되어, 단지 동서벽에서 線 몇 가닥이 확인될 뿐, 구체적인 문양은 식별하기 어렵다.

토기 40여 점을 비롯해 일부 석기, 五銖와 貨泉 등 동전 다수가 수습되었다.

남교가1, 2, 3호 벽화묘는 요양지역 벽화고분 중 가장 이른 시기에 속하는 동문리벽화묘와 구조나 부장품 등에서 통하는 바, 축조시기를 대략 東漢晩期로 볼 수 있다. 그러나 이들 사이에도 선후가 있으니. 1호가 가장 빠르고 다음이 3호→2호 순서라고 한다. 그렇다면 1호묘는 東漢晩期 중에서도 빠른 시기, 2호묘와 3호묘는 東漢晩期라 추측되고 있다.

세 고분의 규모는 1호→2호→3호 순이다. 뿐만 아니라 1호묘에는 屬吏奏事圖·車馬出行圖 등이 있어, 묘주의 신분이 상당하였음을 짐작하게 한다. 따라서 묘주의 신분은 1호묘가 가장 높다고 할 수 있다. 그런데 1호묘의 축조시기는 공손씨 세력이 등장하기 이전인 바, 피장자는 녹봉이 2천 石에서 천오백 석의 郡守 혹은 郡丞 정도로 짐작된다. 한편 3호묘의 피장자는 동문리벽화묘나 三道壕令支令墓의 피장자와 비슷한 官階, 즉 縣令급 인물일 것으로 추정된다. 그리고 2호 묘의 규모는 3호묘보다 크기 때문에 대개 천 석에서 6백 석 정도의 관리일 것으로 짐작된다.

⑥ 참고문헌

梁振晶, 「遼陽電力設備有限公司東漢壁畫墓群」, 『中國考古學年鑑』 2005, 文物出版社, 2006
遼寧省文物考古研究所, 「遼寧遼陽南郊街東漢壁畫墓」, 『文物』 2008-10

⑦ 도판

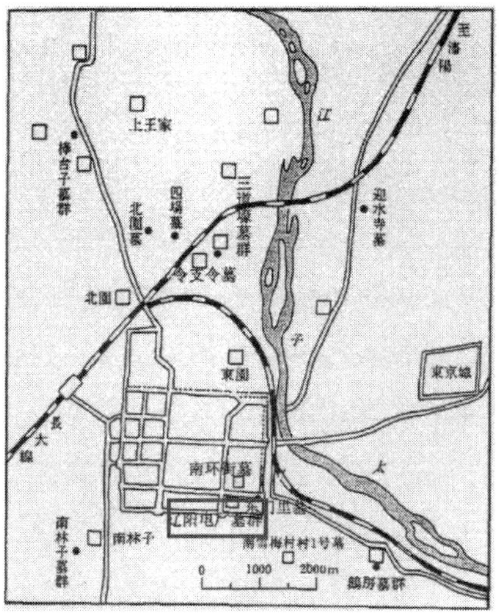

위치도 1

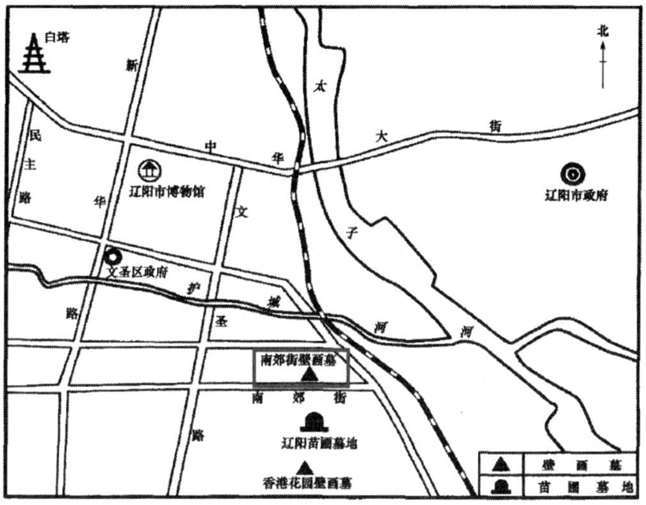

위치도 2

표지석

추정 위치

1호묘 전경

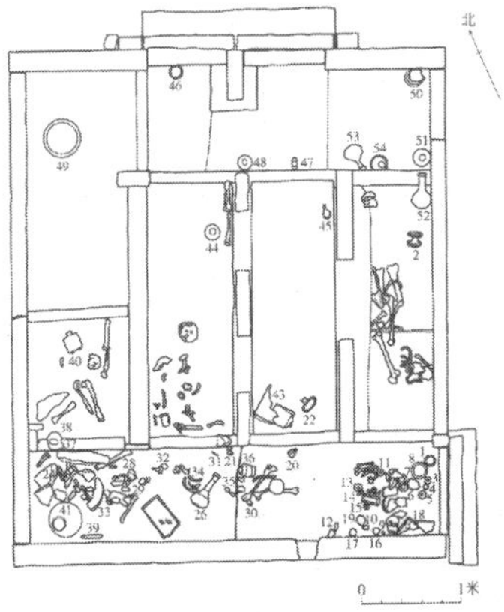

1호묘 평면도

2호묘 전경

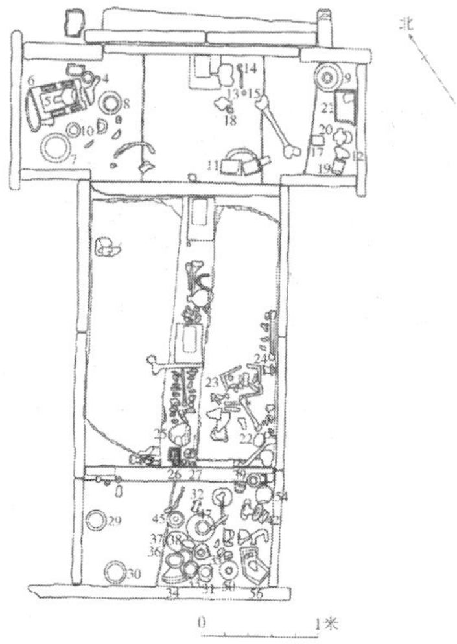

2호묘 평면도

3호묘 전경

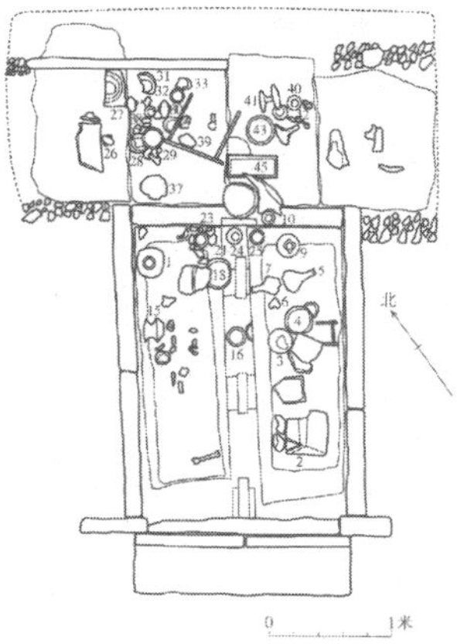

3호묘 평면도

운기문

門吏圖(전랑)

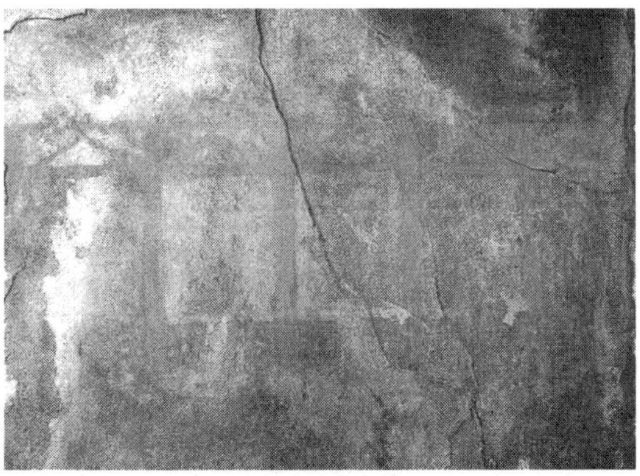

회랑도(전랑 북벽)

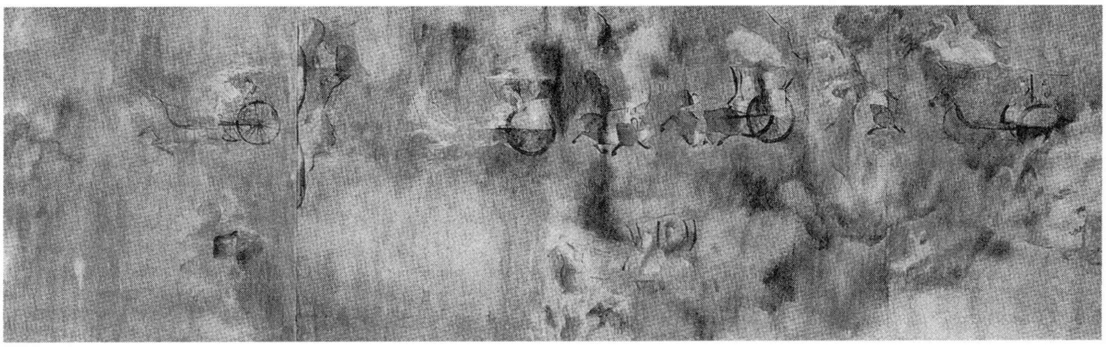

車馬出行圖(전랑과 측실 동벽)

宴飮圖(북이실 서벽)

屬吏奏事圖(북이실 북벽)

15. 南環街壁畫墓

① 주소; 遼陽市 宏偉區 南環街 香港花園

② GPS 좌표; N41° 14' 28.96", E123° 11' 56.26" (예상 위치 기준)

③ 입지

요양시 동남쪽 지역으로 宏偉區 曙光村에서 남쪽 약 1km 지점이며, 南環街(沈環線, s106)와 宏偉路가 맞닿아 곳에서 북쪽으로 약 100m 거리에 있다. 동북쪽 약 1.6km에 태자하가 지나간다.

④ 현상

香港花園 아파트단지 건설로 완전히 파괴된 것 같고, 봉분은 물론 표지석도 없어 정확한 위치를 파악하기 어렵다.

⑤ 개요

1995년 香港花園 아파트 건설과정에서 발견되었고, 발견 직후 요녕성문물고고연구소에서 발굴 조사를 실시하였다. 그래서 발견 당시에는 香港花園魏晉壁畫墓로 일컬어지기도 했다.

묘실은 墓門, 前廊, 左右耳室, 棺室로 구성된 '凸'자 모양이다. 길이는 3.92m이고, 앞부분의 넓이는 4.18m, 뒷부분의 넓이는 2.98m이고, 높이는 1.16m이다. 묘문에 두 개 기둥을 세워 출입구를 셋으로 만들었다. 묘문은 방형 석판 세 개로 봉했으며, 묘문 바깥쪽에 방형 석판을 깔았다. 전랑은 장방형 구조이고 바닥에 판석을 깔았다. 바닥은 관실 바닥에 비해 30cm 낮다. 그 오른쪽에 右耳室이 연결되어 있다. 左耳室은 전랑의 왼쪽에 있는데, 전랑 바닥에 비해 34cm 높다. 석판 2개를 세워 좌, 중, 우 세 관실을 조성했는데, 석판 중간을 비워 세 관실이 서로 통하게 했다. 바닥에 석판을 깔아 尸床을 만들었다. 긴 막대기 모양(條形) 석재로 橫梁을 얹었으며, 또 다른 긴 석판을 이용해 縱梁으로 삼고, 그 위에 석판 6개를 얹어 무덤을 덮었다.

조사과정에서 도굴구멍이 발견되었는데, 아마 이른 시기에 이미 도굴되었던 것으로 추정된다. 따라서 묘실내의 인골이나 부장품이 혼란스럽게 흐트러져 있었으며, 토기와 같은 유물들은 훼손되어 있었다. 인골 3구가 발견되었으나, 머리 방향이나 매장양식을 파악할 수 없다. 오른쪽 관실에서 석회로 만든 베개 3개가 발견되었다. 부장품으로는 토기(泥質灰陶) 13점, 銀頂針 1매, 五銖錢 등 동전 88매가 발견되었다.

벽화는 벽면 석판 위에 직접 그렸는데, 이른 시기 도굴되었고, 또 진흙이 유입됨으로 말미암아 보존상태가 좋지 못하고 대부분 퇴색되었기 때문에 내용을 식별하기 어렵다.

오른쪽 이실의 蓋石에 삼족오가 들어있는 붉은 해가 그려져 있다. 오른 벽 중앙에는 남자 묘주의 좌상이 그려져 있고, 그 옆에 시종들이 묘사되어 있다. 왼쪽 이실 오른 벽에는 飮食圖가 그려져 있는데, 묘주 부부가 휘장이 드리워진 方榻에 마주 앉아있고 그 사이에 긴 袍를 착용한 시종이 두 손을 뻗어 물건을 잡으려 하고 있다. 남자 묘주상 앞에 方几가 놓여 있고, 几 위의 圓案에는 耳杯가 놓여 있다. 그림은 대상비중법칙을 적용해 주인공은 크게 그린 대신, 시종은 작게 묘사했다. 기둥에 雲氣文을 그려 넣었다.

紀年이 있는 유물이 발견되지는 않았으나, 다음과 같은 몇몇 특징들에 주목해 대략적인 축조연대를 추정해볼 수 있다. 우선 평면 구조가 '凸'자 모양인데, 이는 魏나라때에 축조된 三道壕令支令墓의 구조와 유사하다. 이로 미루어 두 고분의 축조연대 또한 비슷할 것으로 추정된다. 다음으로, 부장품 중에 토기의 종류와 수가 적은데, 이러한 특징은 公孫氏를 주멸한 魏나라에서 薄葬이 유행했다는 점과 갈라놓을 수 없다. 또 三蹄足陶樽은 西晉시기 중원지역에서 유행한 기물이며, 陶盂는 朝陽지역의 위진시기 고분에서 흔히 나타나는 유물이기도 하다. 그 다음, 벽화의 기법이나 풍격으로 미루어, 당시 요동의 공손씨 세력이 이미 복멸되었고, 중원지역의 정치세력이 요동으로 침투하여 이 지역을 확고히 장악하고 있었음을 짐작할 수 있다고 한다. 이상의 몇몇 특징들로 미루어, 남환가묘의 축조연대는 魏·西晉 교체로 추정되며, 묘주의 신분은 삼도호영지령묘의 묘주와 마찬가지로 縣令급 관리였을 것으로 짐작된다.

⑥ 참고문헌

李新全, 「遼陽香港花園魏晉壁畵墓」, 『中國考古學年鑑』 1996, 文物出版社, 1998
遼寧省文物考古硏究所, 「遼寧遼陽南環街壁畵墓」, 『北方文物』 1998-3.

⑦ 도판

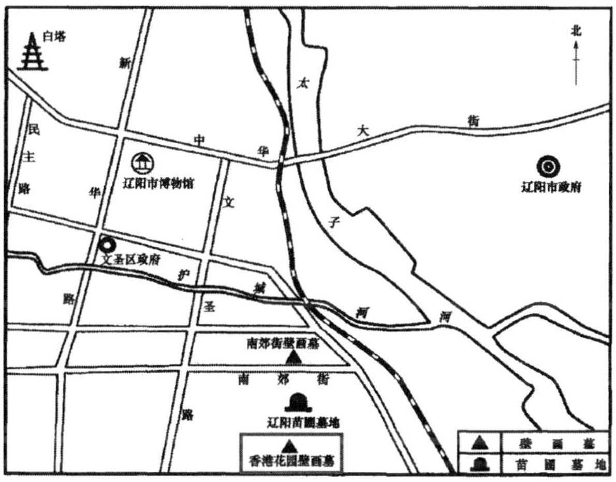

위치도

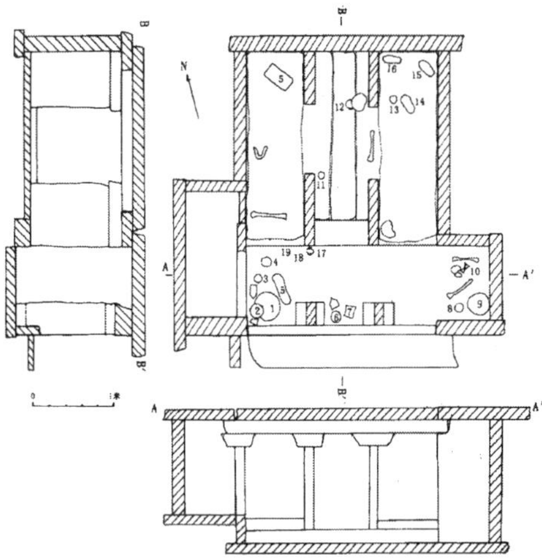

구조도

香港花園 아파트 안내표지

南環街墓 추정지

16. 迎水寺壁畫墓

① **주소** ; 遼陽市 太子河區 東京陵鄉 迎水寺村 내

② GPS **좌표** ; N41° 17' 37.62", E123° 12' 55.51" (봉분 예상 위치)

③ **입지**

요양의 서북부, 태자하에서 동쪽으로 약 400m 떨어져 있는 평원지대에 있었다. 長大線 철교가 태자하를 지나는 지점에서 직선거리로 약 300m 떨어져 있으며, 삼도호고분군과는 태자하를 사이 두고 직선거리로 약 1.8km 떨어져 있다.

④ **현상**

봉분은 발굴 당시에도 거의 남아 있지 않았지만, 현재는 표지석도 확인할 수 없고, 현지인의 설명을 통해 봉분의 대략적 위치만 확인 가능하다. 발굴 후 旅順博物館으로 이전 복원하였다.

⑤ **개요**

요양지역에서 처음 알려진 벽화고분으로, 태자하 동쪽 迎水寺란 사찰이 있던 영수사촌에서 발견되었다. 1919년 태자하 동쪽의 무너진 제방 복구공사용 흙을 조달하기 땅을 굴착하던 중 지하 4척 정도되는 곳에서 발견되었는데, 그때 마침 요양지역을 지나가던 八木奘三郎이 이를 조사하여 보고함으로서 요양지역에서 처음 발견된 벽화고분으로 알려지게 되었다.

묘실은 평면 장방형이고(18척×13.6척), 북쪽에 입구처럼 보이는 소실이 있다. 묘실의 중심에 관실이 있어, 관실의 四周는 회랑을 이루고 있다. 관실은 남북으로 석판을 세워 4실 구축하였고, 천정은 2매의 판석으로 마무리한 평천정이다. 이 정도 규모는 요양지역 벽화고분 중 최대급에 속한다고 할 수 있다.

벽화는 벽면에 회칠을 하고 묵선으로 윤관을 그리고 채색을 했는데, 원래는 묘실 벽 전체에 그려졌을 것으로 짐작되나 오랜 기간 매몰된 탓에 대부분 박락되고, 발굴 당시에는 남벽의 서단에서 서벽의 중간까지, 동벽의 대부분과 입구의 북벽에 남아있는 정도이며, 그나마 불분명한 부분이 많다. 그 중 서벽 남단에는 걷어 올린 휘장 아래에서 묘주 부부가 榻床 위에 마주앉은 모습이 그려져 있고, 부부 사이에는 둥근 상탁 위에 용기가 올려져 있으며, 부부의 중간과 뒤에는 시녀들이 있다. 이 그림의 오른쪽은 상하 4단으로 나누어진 그림이 있는데, 상단에는 말과 말을 끄는 인물, 2다음에는 수레 그림(인물 그림도 있을 것으로 짐작되나 지워져 보이지 않음), 다음에는 안장을 얹은 말 그

림, 하단에는 수레 그림으로 짐작되나 수레바퀴만 보인다. 이들 4단의 그림은 묘주의 출행을 위해 시종과 수레가 대기하고 있는 모습을 그린 것이 아닌가 한다.

묘주 부부도와 이어지는 남벽의 서단에는 두 사람의 남자가 모자를 쓰고 拱手를 한 채 단정한 자세로 臺上에 앉아있으며, 그들 앞에는 둥근 그릇이 놓여있다.

동벽의 남단에는 휘장 아래 두 여성이 머리에 비녀를 9개씩 꽂고 단정한 자세로 마주보고 앉아있으며, 그들 사이에는 거울처럼 보이는 둥근 물건이 놓여있다. 동벽 북단에는 서벽처럼 여러 단으로 나누어진 그림이 있는데, 상단에는 우차를 끄는 두 사람, 다음에는 수레 두 대가 그려져 있으나, 그 아래는 박락으로 말미암아 어떤 그림인지 알 수 없다.

북쪽 입구 소실의 북벽 상부에는 머리를 묶은 인물이 있는데, 머리 위로는 가로대에 새와 짐승, 물고기 등 식재료가 걸려있고, 앞에는 생선을 올려놓은 접시와 상자가 있는 것으로 미루어 음식창고와 주방을 그린 것으로 짐작된다. 하부에도 인물 그림이 있으나, 자세하지 않다.

이미 여러 차례 도굴된 탓에 유물로는 半兩錢、五銖錢、貨泉, 토기 파편이 수습된 정도이다.

축조 시기에 대해서는 조사자인 八木奘三郎은 무덤의 구조, 출토유물 뿐만 아니라 벽화 내용이 漢代 화상석과 통한다는 점을 들어 다소 막연하게 漢代 이후라 했으나, 근래에는 동한 만기에서 曹魏 초, 즉 170,80년~230년 사이로 추정되고 있다.

요양지역에서 최초로 발견된 고분인 만큼, 발견 당시 묘주의 민족적 귀속 문제가 관심을 끌었다. 그래서 八木奘三郎처럼 漢人이란 견해도 있고, 梅木俊次나 濱田耕作처럼 고구려인이란 주장도 있었다. 그러나 현재는 시기와 규모로 미루어 공손씨 시대 유력자의 무덤으로 보는 것이 일반적이다.

⑥ 참고문헌

八木奘三郞, 「遼陽發見の壁畫古墳」, 『東洋學報』 11-1, 1921; 『滿洲考古學』, 岡書院, 1928.
濱田耕作, 「遼陽附近の壁畵古墳」, 『民族と歷史』 6-1, 1921; 『東亞考古學硏究』, 岡書院, 1930

⑦ 도판

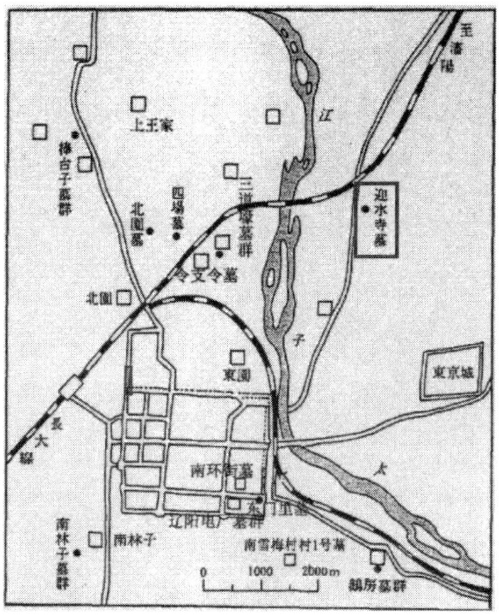

위치도 1

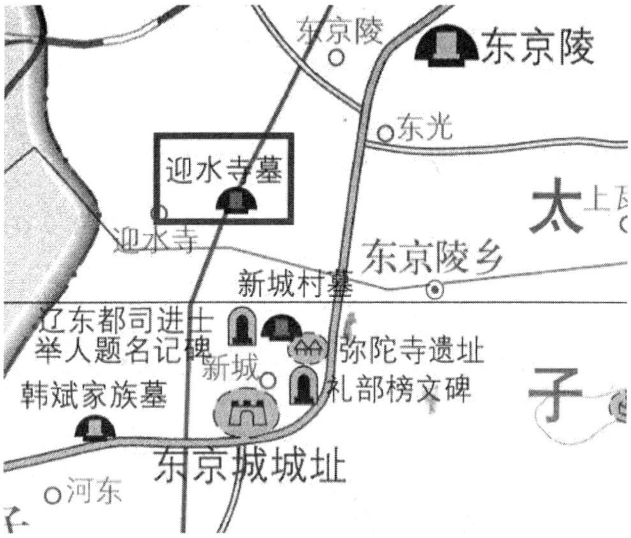

위치도 2

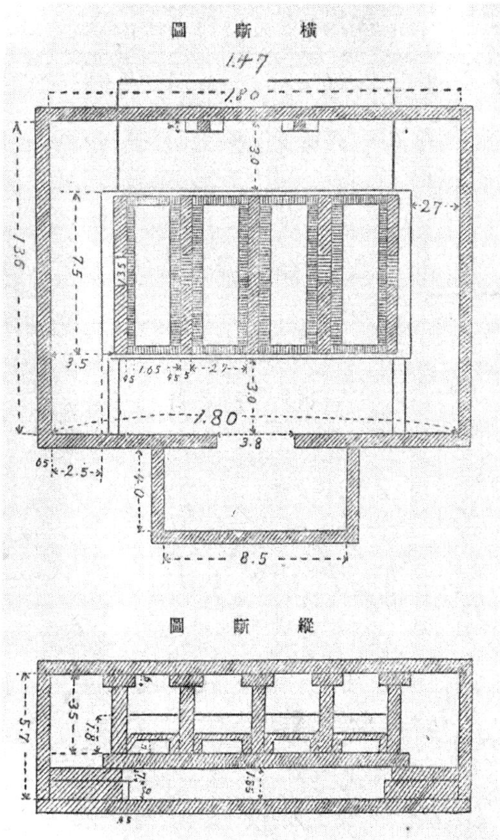

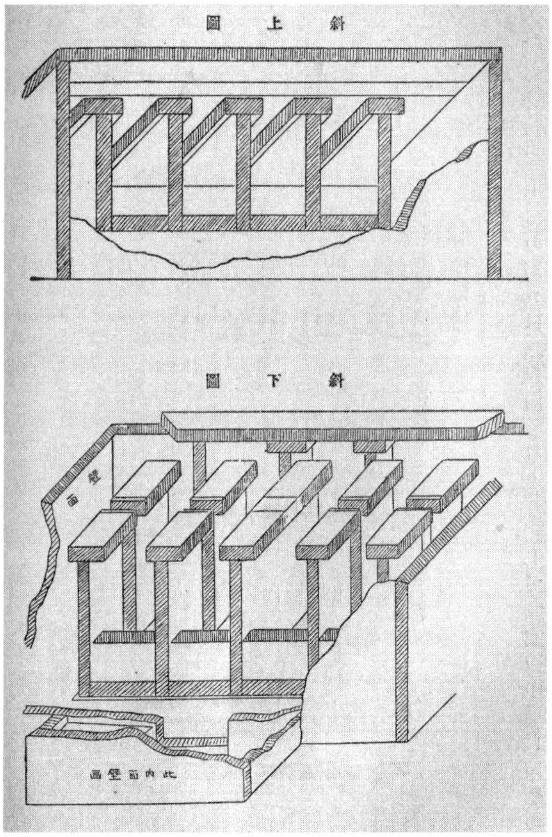

평면 및 정면도

투시도

남벽 서측과 서벽 서측

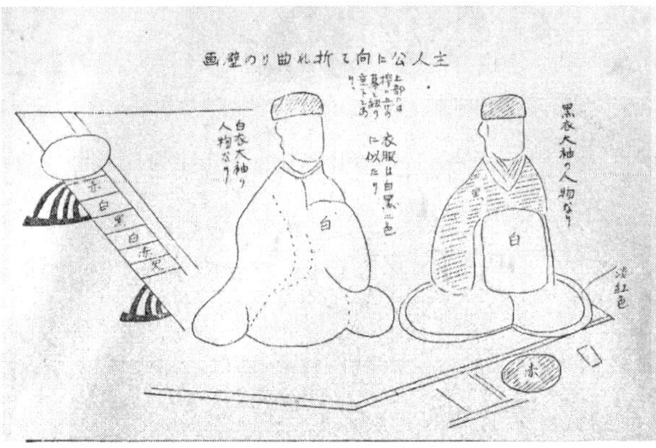

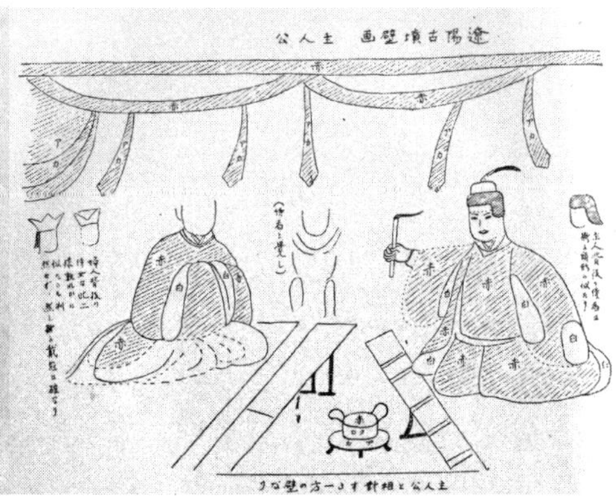

남벽 서측 서벽 남측

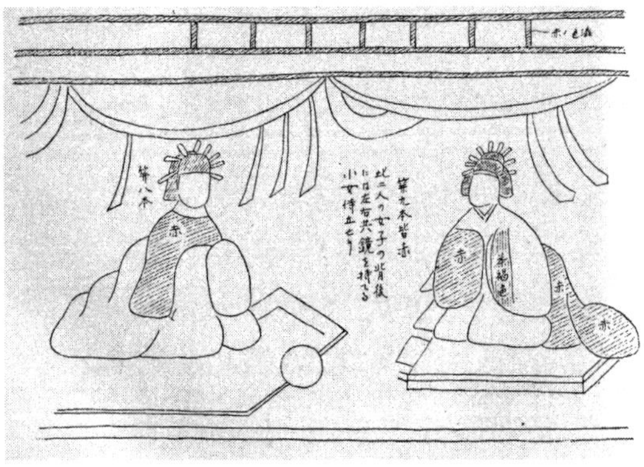

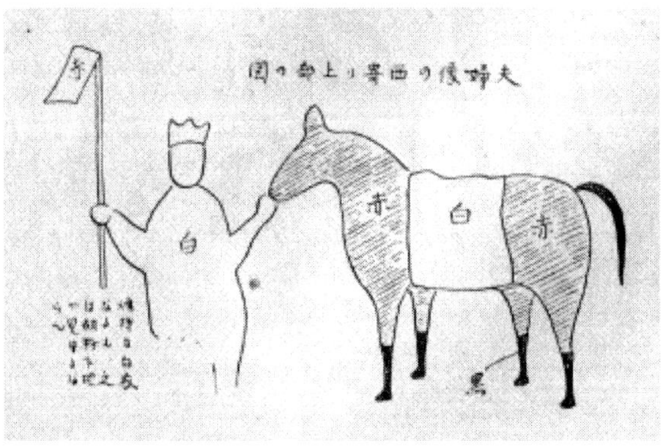

동벽 남측 동벽 남측

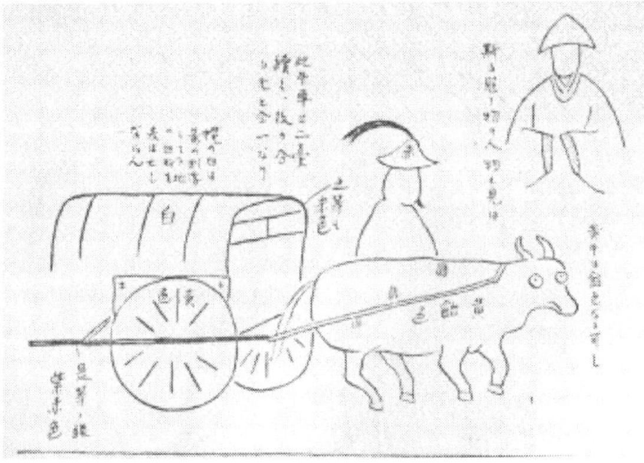

동벽 북측

동벽 북측

개석

移建된 영수사묘

17. 南雪梅1號壁畫墓

① **주소;** 遼陽縣 安平區 小屯鎮 南雪梅村

② GPS **좌표;** N41° 13' 04.75", E123° 22' 56.20"

③ **입지**

이 유적은 遼陽市에서 동남쪽으로 17km 떨어진 남설매촌의 북쪽에 위치한다. 유적의 동북쪽에 沈環線(S106) 대로가 서북에서 동남 방향으로 뻗어 있고, 그 동북쪽 0.5km 거리에 湯河가 북쪽으로 흘러 太子河로 유입된다. 유적의 남쪽에는 遼中環線 고속도로가 있다. 심환선대로에서 南雪梅村 방향(서남향)으로 뻗은 좁은 길을 따라 300m 정도 가면, 길 왼편(서북향)에서 22m 정도 떨어진 곳에 유적이 있다. 유적은 평지에 위치해 있으며, 서북향에는 石嘴子山이 있다.

④ **현상**

현재 표지석이나 봉분이 남아 있지 않으며, 현재는 옥수수 밭으로 경작되고 있다. 밭 주인인 蘇 선생(62세)은 발굴 당시에 현장에 있어 토기와 동전이 출토되는 것을 보았다고 하면서 무덤의 위치를 가르쳐 주었으나, 옥수수가 자라고 있어 접근은 불가능했다. 그의 말에 따르면 심환선대로에서 100m 지나 길 왼편(서북향)에도 고분들이 있었다고 한다.

⑤ **개요**

1956년 발견되었고, 1957년 5월에 서쪽 100m 떨어진 곳에 있는 2호묘와 함께 발굴되었다. 남설매촌에서는 석묘들이 여럿 발견되었으나, 벽화고분은 1호 한 기이다. .

묘실 천정은 발굴 당시의 지표면에서 55cm 높이에 있었으며, 槨室의 규모가 비교적 큰 편이고, 평면은 'T'자 모양이다. 전후 길이는 5.25m이고, 좌우 넓이는 6.06m이며, 높이는 1.8m이다. 正門은 前壁의 중간부분에 위치해 있으며 동쪽으로 40도 기운 남향으로 되어 있다. 묘실은 前廊에 해당하는 장방형 전실, 좌우 이실, 중랑, 중랑과 나란히 설치된 관실, 후랑, 후실로 구성되어 있다.

발굴 당시에 이미 오래전에 도굴되어 심각하게 훼손된 상태였다. 따라서 청동거울, 五銖錢, 토기편 등 소량의 부장품만 수습되었다. 주목되는 부장품은 陶盤인데, 거기에 용과 격투를 벌이고 있는 羽人과 사람의 얼굴을 한 새의 형상 및 창을 든 인물과 활을 든 인물의 전투장면이 묘사되어 있다.

벽화는 침수되어 대부분 훼손되고, 묘문과 관실 일부에서만 확인되고 있다. 묘문의 좌우 벽에는 집 한 채씩 묘사되어있고, 왼쪽 관실의 후벽에는 연회 장면과 붉은 장막 아래에 손을 모으고 세 명씩 대좌한 인물들이 묘사되어 있다. 왼쪽 첫 인물은 녹색 袍를 입고 있으며, 그 앞에 네모난 붉은색 안석[几]이 묘사되어 있다. 그 뒤 두 인물은 붉은색 포를 입고 있으며 그 아래에 네모난 황색 안석이 묘사되어 있다. 오른쪽 첫 인물은 붉은색 포를 입고 있으며, 두 번째 인물은 赭色 포를, 세 번째 인물은 녹색 포를 입고 있다. 가운데 관실 문틀과 門楣 전면은 구름을 그려 장식했고, 관실 안에서 발견된 석판 위에서는 묵선으로 그린 개로 추정되는 그림이 확인되었다.

이밖에 벽화는 아니지만, 칼을 들고 용과 마주보고 있는 사람 그림을 중심으로 주위에 人面鳥神像、두 사람이 말을 타고 싸우는 장면、사슴 두 마리가 그려진 陶盤이 출토된 점도 흥미롭다.

보고서에서는 막연히 한위시대의 무덤이라 했으나, 최근의 연구에서는 170~230년 무렵으로 축조시기를 좁혀보고 있다.

⑥ 참고문헌

王增新,「遼寧遼陽縣南雪梅村壁畫墓及石墓」,『考古』1960-1

⑦ 도판

위치

南雪梅村 안내판

南雪梅1號墓 추정지

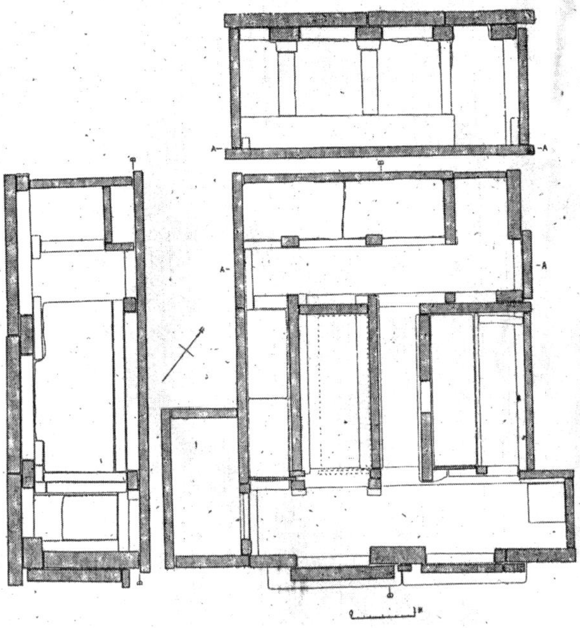
평면 및 측면도

房屋圖(묘문 좌우벽)

宴飮圖(좌관실 후벽)

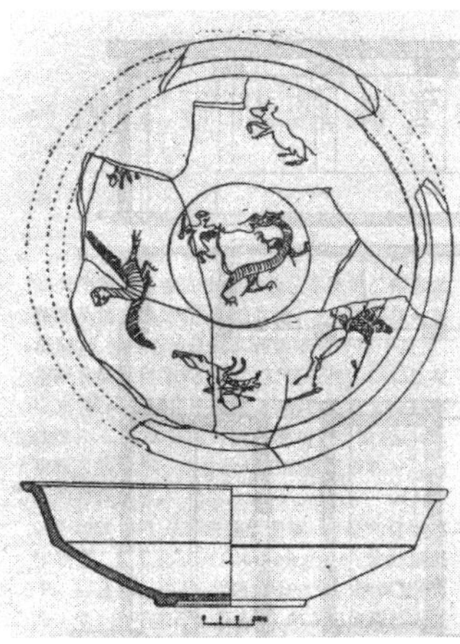
陶盤

Ⅴ. 미조사 벽화고분

이 장은 현장 확인을 하지 못한 19기의 요양지역 벽화고분을 개관한 것이다. 그러므로 이 부분은 전적으로 문헌에 의거한 것이다. 고분별 설명의 순서는 앞 장과 같다.

1. 道西庄墓

태자하구 望水台街 道西庄村 남쪽 100m에 위치하고 있으며, 市文物保護單位이다. 1956년에 발견되었고, 1979년에 조사되었다. 평면 역'T'자형으로 좌우에 이실이 달린 전랑과 3개의 관실이 있다. 그러나 유미의 논문에서는 좌우에 이실과 小室·后小室이 달린 전실과 관실, 그리고 후랑이 있는 평면 '工'자형(BaⅡ형식)이라 한다. '千秋萬歲'銘의 기와 등이 수습되었고, 車騎出行圖·宴飮圖 등의 벽화가 확인되었다. 시기는 축조시기는 漢代라고 하는데, 후한을 말하는 것 같다.

國家文物局 주편, 『中國文物地圖集』 遼寧分冊 下, 西安地圖出版社, 2009, 305쪽
劉未, 「遼陽漢魏晉壁畫墓硏究」, 『邊疆考古硏究』 2, 科學出版社, 2004

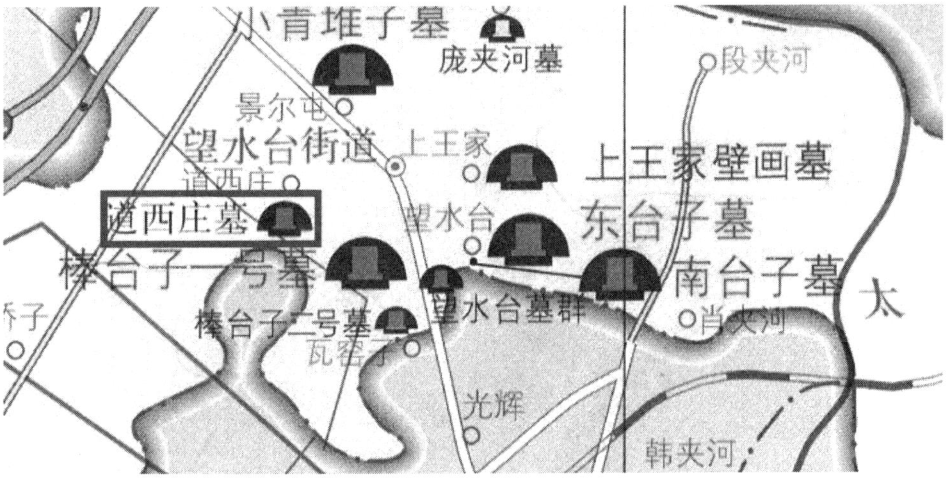

2. 東台子墓

태자하구 望水台街 南台子村에 있으며(위의 지도 참조), 全國重點文物保護單位이다. 아직 발굴되지는 않았고, 높이 2.7m, 직경 21m 정도의 원형 분구가 남아있다. 한위시

대의 것으로 추정되고 있다. 벽화고분이라고 하지만, 벽화의 내용은 알려지지 않고 있다.

國家文物局 주편, 『中國文物地圖集』 遼寧分冊, 西安地圖出版社, 2009, 305쪽
三崎良章, 「遼陽壁畵墓の現狀と硏究の可能性」, 『西北出土文獻硏究』2008年度特刊, 西北出土文獻硏究會, 2009.

3. 南台子墓

태자하구 望水台街 望水台村에 있으며(위의 지도 참조), 全國重點文物保護單位이다. 아직 발굴은 되지 않았으며, 높이 2.7m, 직경 18m의 원형 봉토가 남아있다. 한위시대의 것으로 추정되고 있다. 벽화고분이라고 하지만, 벽화의 내용은 알려지지 않고 있다.

國家文物局 주편, 『中國文物地圖集』 遼寧分冊 下, 西安地圖出版社, 2009, 305쪽
三崎良章, 「遼陽壁畵墓の現狀と硏究の可能性」, 『西北出土文獻硏究』2008年度特刊, 西北出土文獻硏究會, 2009.

4. 棒台子二號壁畫墓

遼陽市 동북쪽 4㎞ 지점의 棒台子屯에서 동쪽으로 200m되는 곳에 있다. 주변에는 북서쪽 1㎞에 棒台子一號壁畵墓, 500m 거리에 車騎墓가 있다. 1956년 여름에 발견되었으며, 1957년 6월 遼寧省博物館에서 발굴조사를 진행했다.
발굴 당시 무덤의 개석 부분은 지표에서 90cm 아래에 있었으며, 봉분은 거의 남아 있지 않은 상태이다. 묘실의 평면구조는 '工'자형이며, 대형 석판을 이용해 축조했다. 묘실의 길이는 4.66m이고, 넓이는 5.96m이며, 높이는 1.9m이다. 묘실의 구조는 前廊 1, 좌우 小室 2, 棺室 4, 後室 1로 구성되어 있으며, 전실의 정문 이외에 후실 좌벽에도 측면이 있는 점이 특이하다 소실 바닥에는 雲母片이 잔뜩 깔려있었다.
묘실에서 인골 6구가 발견되었으며, 두향은 북침으로 추측된다. 부장품으로는 陶案·陶井·방형 부뚜막·五銖錢과 각종 토기와 장신구들이 수습되었다.
벽화에는 좌우 소실과 후실 벽에 그려져 있으며, 門卒, 묘주 부부와 시종, 主簿와 議曹掾, 車騎, 樓閣과 車列, 流雲文 등이 확인된다. 문졸 2명은 묘문의 양쪽 벽에 검정색 모자와 녹색 복식을 착용하고 방패를 잡고 묘문을 보고 있는 무인의 모습으로 그려져 있다. 오른쪽 소실의 오른쪽 벽 중앙에는 남녀 주인공이 床座에 마주앉아 있고, 그 주변

에 시중드는 하인 5명이 있다. 여주인공 오른쪽 첫 번째 하녀 옆에 '大婢常樂'이라는 묵서가 있다. 오른쪽 소실의 후벽에는 府吏 2인이 그려져 있는데, 각각 머리 뒤편에 '主簿'와 '議曹掾'이란 묵서가 있다. 왼쪽 소실의 뒤쪽과 왼쪽 두 벽에 걸쳐 車騎圖가 그려져 있다. 앞에 말을 탄 인물 셋이 길을 인도하고, 그 뒤에 붉은 색 말이 끄는 수레가 따르고 있으며, 그 뒤에 말을 탄 인물 한명이 더 묘사되어 있다. 수레의 위쪽에 흰색 해[日]가 있다. 후실의 후벽에는 3층 樓閣과 수레 4채가 그려져 있으며, 그밖에 문미와 관실 격벽에 유운문이 배치되어 있다.

축조 시기는 수습한 오수전이나 토기의 형태 및 隸書體 묵서로 미루어 후한 말기 및 그보다 늦은 시기로 추정된다. 또 인근의 봉태자1호분의 벽화 도상과 비교했을 때 늦어도 魏 이전일 것으로 추정된다.

王增新, 「遼陽市棒台子二號壁畫墓」, 『考古』 1960-1
徐光冀 主編, 『中國出土壁畫全集』 8-遼寧・吉林・黑龍江, 科學出版社, 2012

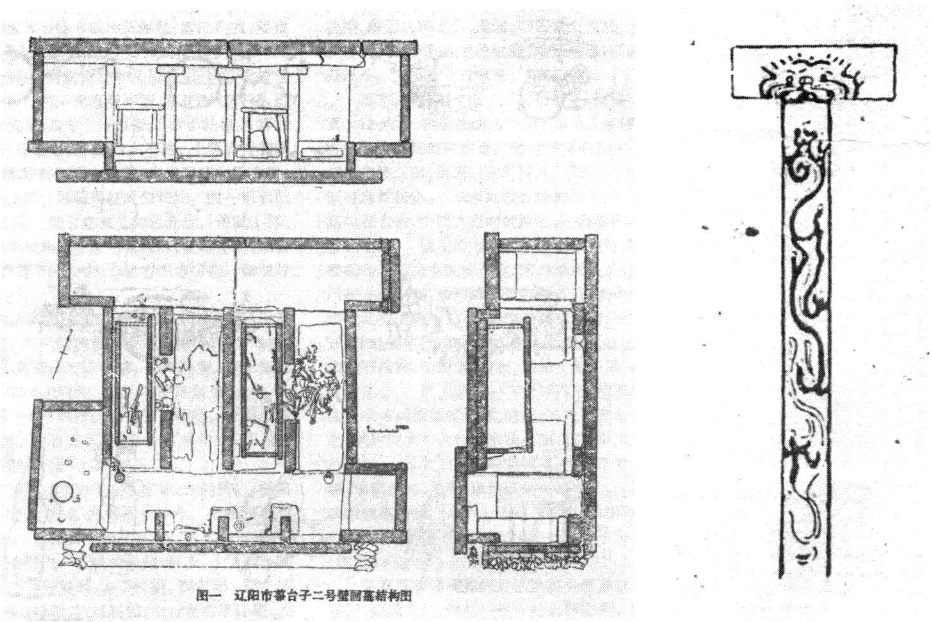

구조도

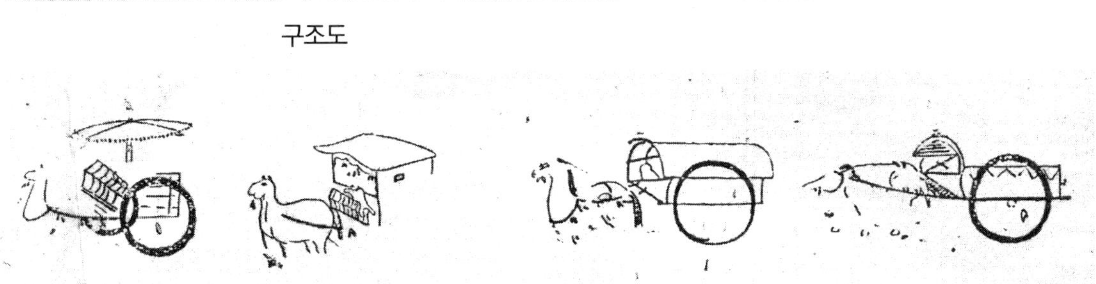

車列圖

車騎圖

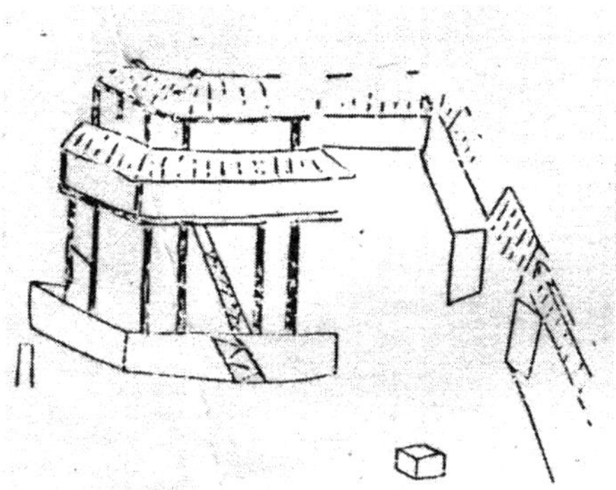

樓宅圖

門卒

主簿와 議曹掾

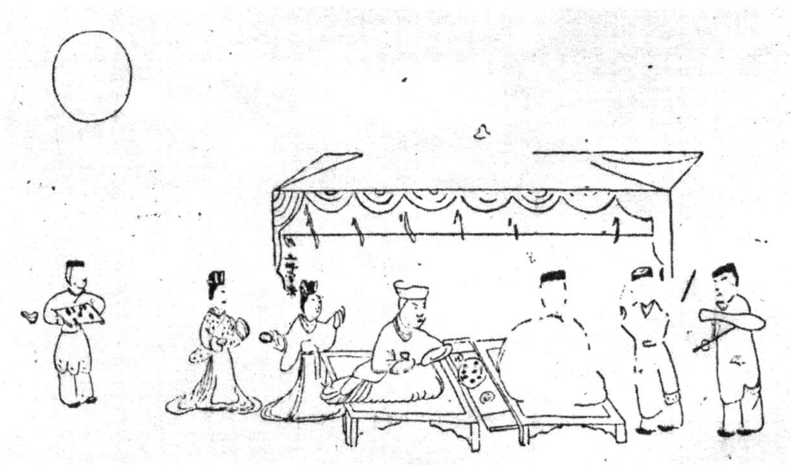

宴飮圖

5. 北園2號壁畫墓

요양시 서북쪽 교외의 望水台公社 북원촌의 북쪽에 위치하며, 북원1호묘에서 남쪽으로 100m 정도 떨어진 곳에 있다. 焦化廠墓라고도 한다. 1959년 11월에 발견되었으나, 제대로 조사가 실시되지 못하고 1980년에 이르러서야 비로소 약보고서가 발표되었다.

묘실은 대형 석판을 이용해 축조하였으며, 백회로 틈을 메웠다. 墓門의 방향은 185도이며, 전후 길이 4.76m, 좌우 넓이 4.32m, 높이 1.78m이다. 전실과 후실의 좌우에 耳室이 하나씩 있으며, 후벽과 오른쪽 벽에 각각 돌출된 小室이 있다. 관실의 중간부분에 석판 둘을 세워 시신을 안치할 수 있는 공간 세 곳을 조성하였다.

묘실에 흙이 쌓여 벽이 침식되면서 벽화가 많이 훼손되었지만, 전실의 좌우 이실과 묘문의 좌우 양측 벽에 붉은색, 흰색, 검은색 안료를 이용해 門卒·門犬·집·무기걸이(武器架)·鶴·日月 등의 그림이 확인된다. 묘문 안쪽 왼편에 문졸을 그렸는데 높이는 70cm이며, 오른쪽에는 문견을 배치하였다. 전실의 왼쪽 이실 앞 벽에는 집 한 채를 그렸고, 왼쪽 벽의 무기걸이에는 環首刀·방패·戟·갑주 등의 무기류가 좌우에 나뉘어져 걸려 있다. 안벽 오른쪽에는 검은 平幘을 쓴 인물을 묘사하였으며, 내벽 하단에는 학 한 마리를 그렸다. 내벽 위편에는 삼족오가 들어있는 해가 그려져 있다. 전실 오른쪽 이실 내벽 위편에는 옥토끼가 들어있는 달을 그렸다. 관실 오른쪽 이실 벽에는 연회장면이 묘사되어 있으나, 색이 박락이 심해 자세한 내용은 파악하기 어렵다.

전국중점문물보호단위로 지정되어있다.

遼陽市文物管理所, 「遼陽發現三座壁畫墓」, 『考古』 1980-1, 科學出版社, 58~57쪽

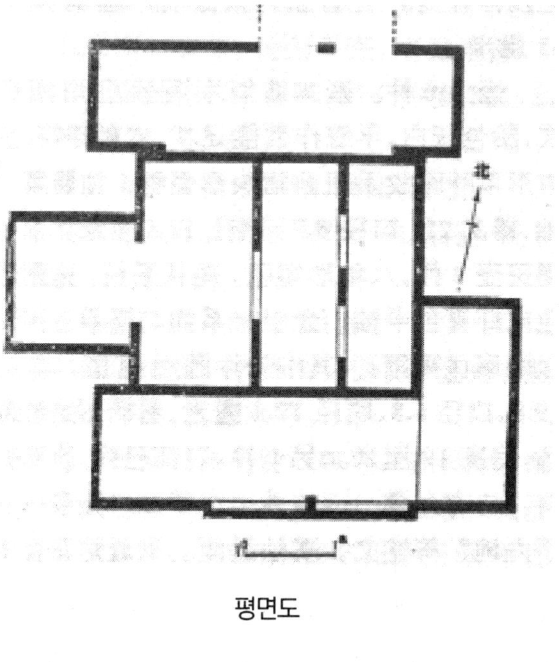

평면도

6. 北園4號壁畫墓

白塔區 鐵西街 道鐵合社區 韓夾河村에 위치하며, 1978년 11월에 조사되었다. 원래 '북원3호분이라 하던 것이나 1986년 북원에서 발견된 또 하나의 벽화분을 북원3호묘라 함에 따라 북원4호분으로 부르게 되었다고 한다. 분구는 남아있지 않으며, 내부는 전실과 그 좌우의 이실, 2개의 관실, 후실로 구성되어있다. 후실에서 부뚜막 등 20여점의 명기가 수습되었다. 벽화로는 문졸도, 宴飮圖가 있으며, 후랑에서는 붉은색을 띤 金烏 그림이 있다.

國家文物局 주편,『中國文物地圖集』遼寧分冊 下. 西安地圖出版社, 2009
劉未, 「遼陽漢魏晉壁畫墓硏究」, 『邊疆考古硏究』2, 科學出版社, 2004

7. 車騎墓

요양시 북쪽 약 24㎞되는 백탑구 三道壕村 國建化工廠院 내에 있으며, 1951년 이곳의 窯廠 제 4현장에서 취토과정 중에 발견되었다. 그래서 三道壕窯業第4現場墓라고도 한다.

묘실 주변의 흙은 거의 채취해간 상태이며, 봉분은 묘실 천정으로부터 1.8m 정도 남아 있다. 묘문의 방향은 동쪽으로 15도 치우친 남향이다. 묘실은 평면 '凸'자형으로, 前廊과 그 좌우의 小室, 棺室로 구성되어 있다. 관실은 중앙에 2개의 석판을 세워 두 부분으로 나누어 놓았다. 규모는 전후 3.36m, 좌우 넓이 4.13m, 높이 1.2m이다.

벽화는 좌우 소실의 각 벽과 오른쪽 관실의 오른 벽 및 前廊의 천정 부분에 그려져 있다. 나머지 벽면에는 평평하고 넓은 공간이 많이 있음에도 벽화의 흔적이 발견되지 않았다. 벽화의 아래 위에 붉은 선을 그어 경계를 구분하였다. 벽화의 주제로는 家居飮食圖, 庖廚圖, 出行車馬圖, 門卒圖 및 천정의 장식문양 등이 있다.

家居飮食圖는 왼쪽 소실 左壁을 중심으로 전, 후, 오른쪽 세 벽에 걸쳐 그려져 있다. 벽의 높이는 1.2m이며 화폭은 4.74m이다. 여기에는 모두 남녀 인물 13명이 그려져 있다. 좌벽에는 주인공 부부로 보이는 남녀 2인이 장막 밑에 마주앉아 음식을 먹는 장면이 그려져 있다. 남자 주인공은 黑幘을 쓰고, 袍를 착용하고 있으며, 두 손을 앞으로 공손히 모은 자세로 方床에 비스듬히 앉아 있다. 그 앞에는 短几가 놓여 있으며, 그 오른쪽 변두리 부분에 붓 한 자루가 꽂혀 있다. 배후에 병풍이 있으며, 그 뒤에 시종 두 명이 서있다. 여자 주인공은 남자 주인공 맞은편에 그려져 있다. 머리에 簪幗을 쓰고, 붉은 색 耳飾을 하고 있다. 붉은 색 꽃무늬 상의에 흰색 치마를 착용하고 있다. 그 앞에 여러 종류의 식기들이 놓여 있다. 뒤에 병풍이 있으며, 그 뒤에서 시녀 한명이 부채질을 해주고 있다. 남녀 두 주인공 사이에 시녀 한명이 있는데, 왼손을 이용해 술잔이 놓여 있는 쟁반을 남자 주인공에게 건네고 있다. 남자 주인공 뒤편에는 앉은 자세의 남자 한명이 그려져 있고, 그 앞에서 시녀 한명이 시중들고 있다. 여자 주인공 뒤에도 병풍이 쳐진 자리에 남자 한명이 정좌해 있는 모습이 그려져 있으며, 그 뒤에서 시녀 한 명이 부채질 해주고 있다. 소실 오른쪽 벽에 방석을 깔고 있는 부인의 모습이 그려져 있는데, 그 앞에 몇 가지 식기류들이 놓여 있고, 등 뒤에서는 시녀 한 명이 부채질 해주고 있다.

庖廚圖는 오른쪽 소실의 오른쪽 벽과 후벽의 전면에 그려져 있다. 그림의 높이는 50cm이고, 화폭은 1.81m이며, 상하 2층으로 나뉜다. 포주도에는 대개 우물에서 물을 길어올리는 장면, 조리하는 장면, 식재료 등이 묘사되어 있다. 그림에는 남녀 인물 12명이 등장하며, 더불어 음식 여덟 가지, 우물과 화로가 각각 1개, 그릇이 15종이 묘사되어 있다.

出行車馬圖는 오른쪽 소실의 앞 벽과 오른쪽 벽 전반부 및 오른쪽 관실의 오른쪽 벽에 그려져 있다. 벽화의 높이는 38~60cm이고, 화폭은 3.7m이다. 오른쪽 소실의 앞 벽(묘문 오른쪽 벽) 상단에 왼쪽을 향해 나가는 거마와 인물이 묘사되어 있다. 흑책을 쓴 기마 인물 네 명이 길 양측에 나뉘어 앞장서고 있고, 그 뒤에 말 수레와 소 수레 다섯 대가 따르고 있다. 그림 전체에 걸쳐 인물 20명, 수레 다섯 대, 소와 말 17마리가 등장한다.

그 외 묘문의 오른쪽 벽에는 門卒圖가 있고, 前廊의 천정과 기둥머리 부분에는 日月雲氣圖 같은 장식문양이 그려져 있다. 관실 중간 벽 위의 石枋頭에 이빨을 드러낸 사나운 모습의 獸面이 그려져 있는데, 漢代의 기물에 자주 등장하는 수면문양과는 완전히 다른 형태의 것이다.

축조 시기는 2세기 70·80년대에서 3세기 30년대 사이로 추정되고 있다. 전국중점문물보호단위의 하나이다.

李文信, 「遼陽發現的三座壁畵古墓」, 『文物參考資料』 1955年 5期 (『李文信考古文集』, 遼寧人民出版社, 1992 재수록)

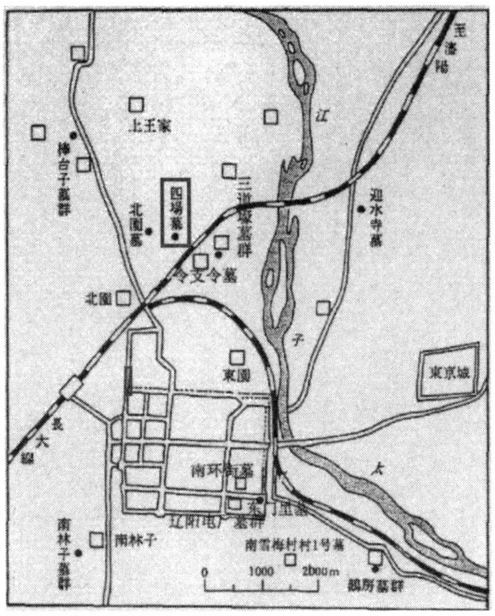
上王家
棒台子墓群
北園墓
三道壕墓群
令支令墓
北園
迎水寺墓
東園
東京城
南林子
南林子墓群
南雪梅村村1号墓
鵝房墓群
0 1000 2000m

위치도

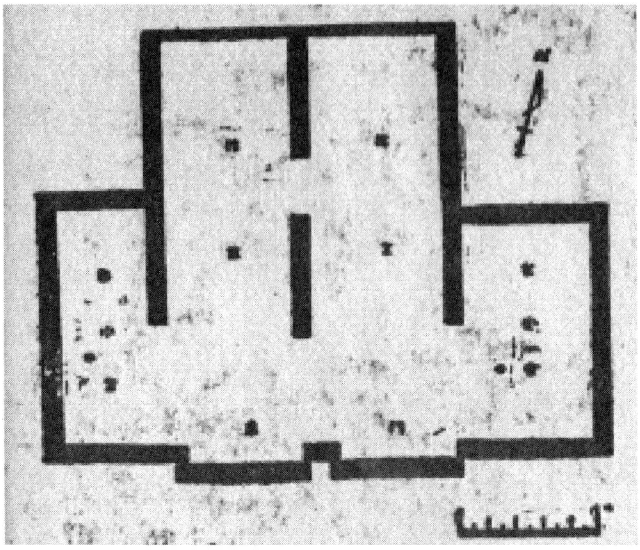

평면도

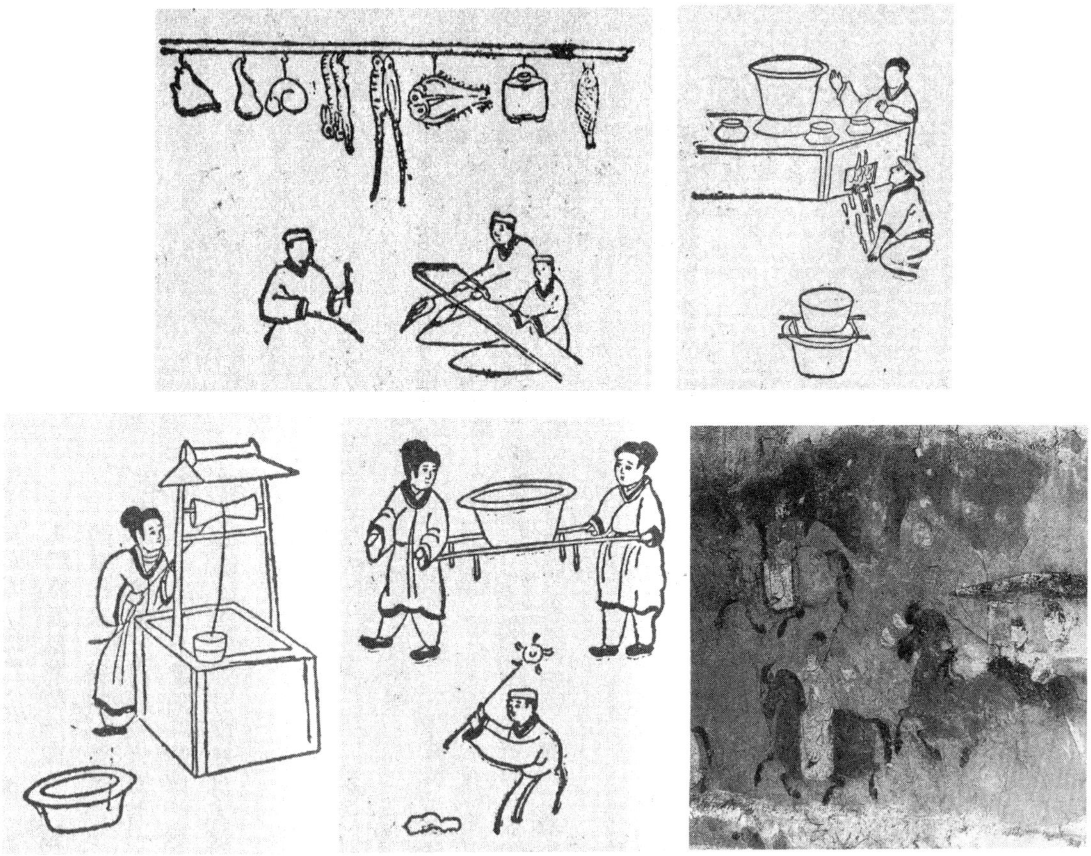

8. 冶建化工分廠墓

태자하구 韓夾河村 三道壕 지역에 있다. 劉未의 논문에서 좌우에 이실이 딸린 긴 장방형의 전실과 관실로 구성되어 있으며 후랑은 없는 BaⅢ 형식의 고분으로 소개한 것이 주어진 정보의 전부이다.

劉未, 「遼陽漢魏晉壁畫墓研究」, 『邊疆考古研究』 2, 科學出版社, 2004

9. 東門外墓

1941년 요양 舊城의 동문 밖 半邦里에서 태자하 제방공사 중에 발견되었다. 평면 T자형으로 무덤의 방향은 남향이다. 전실・이실・관실・후실로 구성되어 있다. 벽화는 전실 남벽과 통로의 서벽에서 흔적이 남아있을 뿐이다.

水野清一, 「南滿洲遼陽出土の漢代琱玉」, 『東方學報』 4 東方文化學院京都研究所, 1934

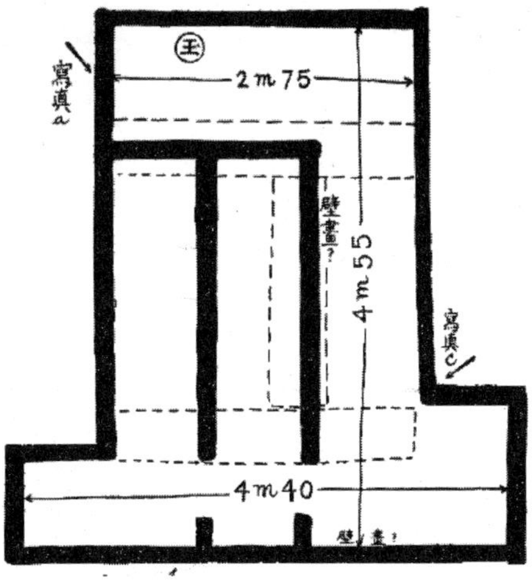

10. 南林子壁畫墓

白塔區 靑年大街 西段路 북쪽에 위치하며, 1941년과 1942년 2차례에 걸쳐 原田淑人에 의해 조사되었다. 평면 凸자형(역T자형)으로 동면의 길이는 26척 4촌 6분, 남북은 19척 2촌 7분이다. 전실・서측실・주실・그리고 주실을 3면으로 둘러싼 회랑이 있으며, 묘문은 동쪽으로 나있다. 벽화는 各壁・기둥・천정에 그려진 것 같으나, 조사 당시에는 수레・太鼓・수목 등이 확인되었으며, 회랑 북벽에 상하 2단으로 그려진 18인의 인물상이 이채롭다.

原田淑人, 「遼陽南林子の壁畫古墳」, 『國華』 53-4(通卷629), 國華社, 1943
駒井和愛, 『遼陽發見の漢代墳墓』 (考古學研究 第1冊), 東京大學文學部考古學研究室, 1950

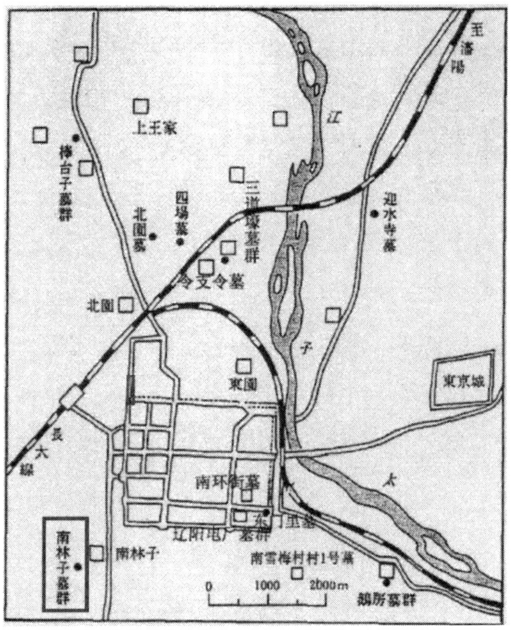

위치도 1

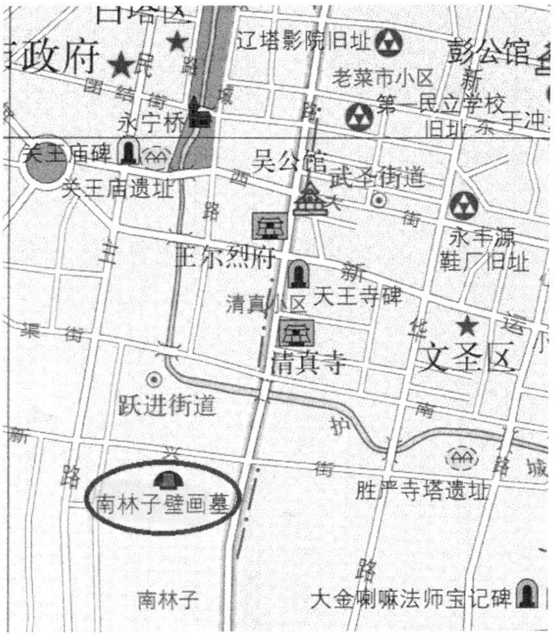

위치도 2

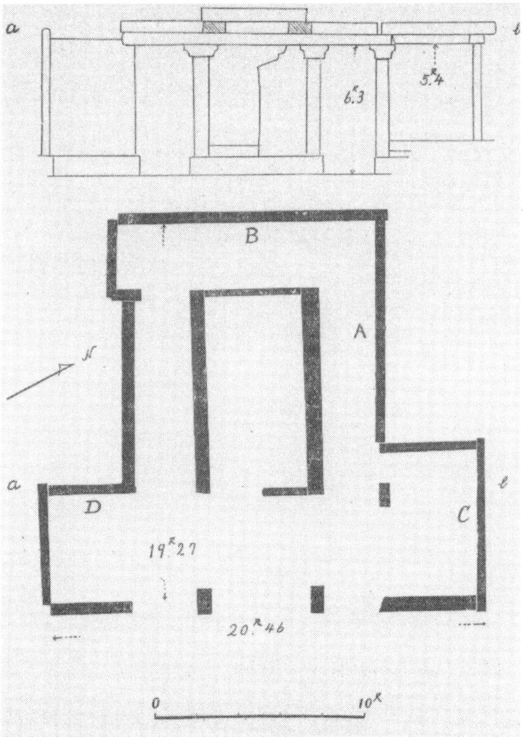

평면도

전실

회랑 북벽 벽화

11. 玉皇廟1號墓

요양시 宏偉區 曙光鎭 소재 옥황묘의 동쪽에서 1942년 原田淑人·駒井和愛 등에 의해 조사되었다. 조사 당시 개석이 지표에 노출된 상태였고, 발굴 결과 평면 凹자형(움푹 들어간 곳이 서쪽)으로 크기는 동서 12척 6촌 4분, 남북 16척 4촌 3분이다. 전실·주실·동측실·후실이 있으며 묘문은 묘실의 북쪽에 있다. 벽화는 일부 기둥과 벽에서 雲氣文과 山形文이 확인되었으며, 유물로는 五銖錢·와제 명기 및 그 파편들이 출토되었다.

駒井和愛, 「南滿洲遼陽における古蹟調查」, 『考古學雜誌』 32-7, 考古學會, 1942

駒井和愛, 『遼陽發見の漢代墳墓』(考古學硏究 第1冊), 東京大學文學部考古學硏究室, 1950

12. 玉皇廟2號墓

1979년 옥황묘 서쪽에서 발견되었는데, 보고서가 간행되지 않아 劉未의 논문에 언급된 것이 정보의 전부이다. 이에 의하면 무덤 뒷부분이 관실 보다 길어 後廊을 이루고 있는 'T'자형(AⅡ형식)의 고분이다. 벽화분의 하나로 거론되고 있는 점으로 미루어 벽화가 있는 것 같지만, 어떤 그림인지에 대해서는 언급이 없다.

劉未, 「遼陽漢魏晉壁畫墓硏究」, 『邊疆考古硏究』 2, 科學出版社, 2004

13. 玉皇廟3號墓

1984년 옥황묘 서쪽에서 발견되었는데, 보고서가 간행되지 않아 劉未의 논문에 언급된 것이 정보의 전부이다. 이에 의하면 평면은 장방형으로, 묘실(2.24×1.17m)과 그 뒤의 후실(=明器臺)로 구성되어 있으며(AI 형식), 묘문의 방향은 남서쪽 15도(남쪽 기준)이다. 원형의 부뚜막과 인골 1구 등이 발견되었는데, 머리 방향은 북향이다. 이 경우도 벽화에 대한 언급이 없어 구체적인 내용은 알 수 없다.

劉未, 「遼陽漢魏晉壁畫墓硏究」, 『邊疆考古硏究』 2, 科學出版社, 2004

14. 玉皇廟4號墓

1990년 옥황묘 서쪽에서 발견되었으며, 평면 '⊥'자형(역T자)의 무덤이다(BaⅢ). 즉 좌우에 이실이 딸린 긴 전실과 관실로 구성되어 있으며, 후랑은 없다. 는데, 진 의 hh'으며, 전실은 평면은 'ㅜ'자형 인데, 후랑은 없고, 명기대는 설치되어 있다. 전실 좌우에 측실이 딸려 있으며, 대부분 경우에 오른쪽 측실 이 왼쪽보다 크다. 거기묘, 영지령묘, 남환가묘, 삼도호 1호분, 삼도호 2호분, 야건화공분창묘, 옥황묘 4호분이 모두 여기에 속한다.

劉未, 「遼陽漢魏晉壁畫墓硏究」, 『邊疆考古硏究』 2, 科學出版社, 2004

15. 峨眉壁畫墓

遼陽市 宏偉區 鵝眉村 동쪽 1.5㎞에 위치한다. 1977년에 조사되었는데, 길이 4.2m, 폭이 5.3m으로 평면 '工'자형이다. 즉 동쪽으로 난 묘문, 좌우로 이실이 달린 전실(우이실이 좌이실 보다 크다), 병렬을 이루고 있는 5칸의 관실, 관실 보다 좌우가 긴 후랑으로 구성되어있다. 여기서 주목되는 것은 천정이 삼각고임식이란 것이다(BbI 형식). 묘벽에서 宴飮圖그 등의 벽화가 발견되었으며, 陶罐·동경 등도 발견되었다. 현문물보호단위이다.

劉未, 「遼陽漢魏晉壁畫墓硏究」, 『邊疆考古硏究』 2, 科學出版社, 2004
國家文物局 주편, 『中國文物地圖集』 遼寧分冊 下. 西安地圖出版社, 2009

16. 苗圃2號壁畫墓

遼陽市文物考古硏究所에서 토지개발을 위해 遼陽市 白塔區 曙光鎭 소재 遼陽市農林科學硏究院의 苗圃院 일대에 대한 대규모 발굴사업을 진행하던 중 2014년에 발견되었다. 천정과 북실이 많이 파괴되었지만, 묘도·서실(2.56×1.44×1.34m)·중실(2.68×2.44×1.6m)·북실(3.78×2.44)로 구성되어 있는 것으로 추측되며, 묘문은 중실 남측과 서실 서측 양쪽으로 나있다. 벽화는 남묘문 동측에 門吏가 그려져 있으며 중실 북벽은 박락이 심하지만 幔帳이 보인다. 뿐만 아니라 글씨와 그림을 새기기도 했는데, 그림으로는 인물상 등이 있다. 그리고 글자로는 '郭師' '以太安三年春三月十八日造訖師王休盛' '聞此'(이상 서실 북측), '張樂安曾得□' '吳□□□'(이상 서실 남측), '吾以建安

三年’ ‘茂安’(이상중실 동벽)이 있다. 건안 3년은 198년, 태안 3년은 서진 무제 시기인 304년이다. 그러므로 이들 刻字는 무덤의 축조시기를 짐작할 수 있는 중요한 단서가 된다. 또 ‘郭師’나 ‘師王休盛’는 무덤의 축조자를 알려주는 단서이다.

李海波·劉潼·徐沂蒙, 「遼陽苗圃漢魏墓地紀年墓葬」, 『北方民族考古』 2, 2015

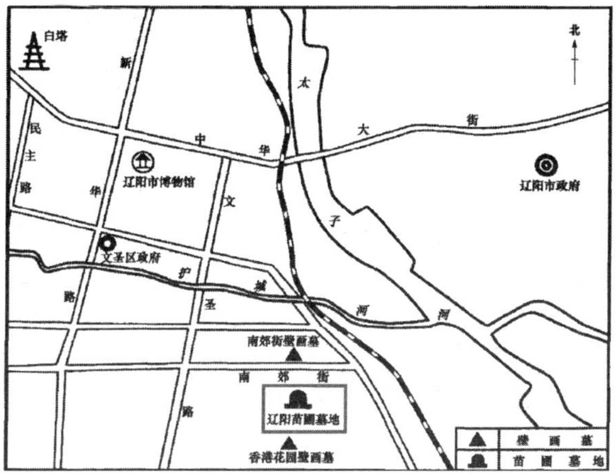

위치도

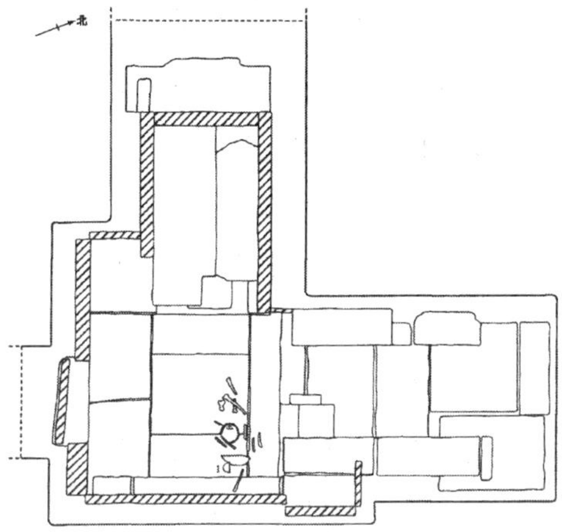

평면도

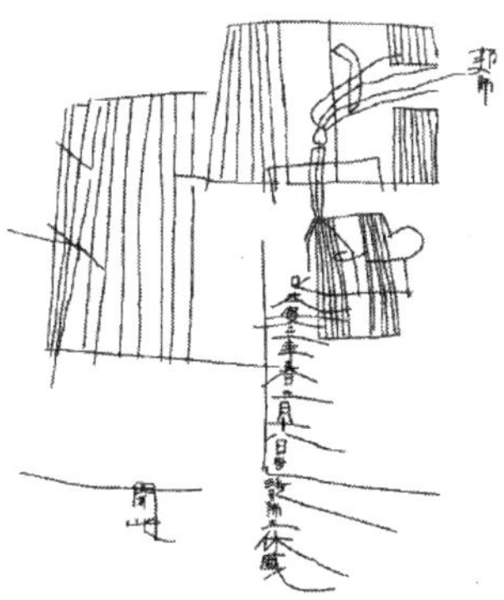

图三 立板上刻绘文字和壁画

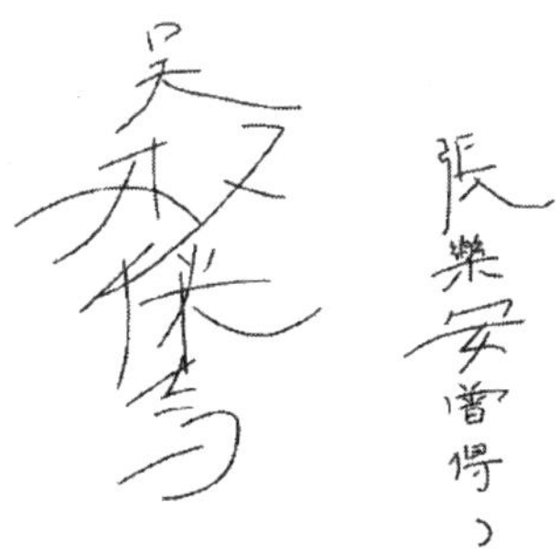

图四 西室南侧石壁上刻绘文字

图五 西室南侧石壁上刻绘图案

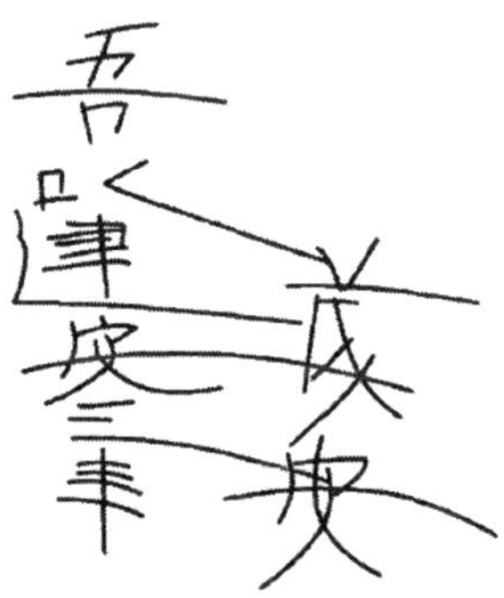

图六 中室东壁上刻绘文字

图七 南墓门的东侧门吏图

묘벽 석각

묘문 동측 門吏圖

17. 河東新城 東漢벽화묘

遼陽市政府 신청사 서남쪽 河東新城 回遷樓 건축 현장에서 2010년 발견되었다(동경 123°13′44″, 북위 41°15′38″, 해발 28m). 太子河 동쪽에서는 영수사묘에 이어 두 번째로 발견된 벽화고분이다. 발견 당시 무덤은 굴착공사로 말미암아 덮개돌 및 서남쪽 양측 묘실이 심하게 훼손되었고, 후실과 동쪽 두 개의 묘실이 겨우 남아있는 상태였다.

묘실은 평면 장방형으로 대략 남북 길이는 4.5m, 동서 넓이 4m이다. 묘실의 방향은 남향으로 160° 이다. 墓道・墓門・前廊・棺室 및 明器台로 구성되어있으며, 바닥은 모두 석판을 평평하게 깔았는데, 뒤로 갈수록 석판을 높이 쌓아 모두 3개 층을 이루고 있다.

墓道는 이미 파손되었으며, 墓門은 兩門이고 전랑에서 이어지는 관실은 남북으로 3개의 벽을 세워 4 부분으로 구획하였다. 棺室은 길이 2.4m, 폭 0.85m 내외이며, 관실의 중앙에는 각각 대형 석판으로 만든 屍床이 놓여 있다. 묘실 북쪽에는 屍床 보다 대략 0.3m 높은 장방형의 明器台가 있는데, 길이가 3.8m, 넓이가 0.6m 이다.

벽화는 前廊의 동벽과 동쪽 측면의 남벽, 두 폭이 남아 있다. 그림은 먼저 墨線으로 윤곽을 그린 후, 여러 색깔의 안료를 사용하여 색을 채워 넣는 방식으로 그렸다. 前廊의 동벽 벽화로는 맨 위에 휘장을 두른 수레 그림[偏幰牛車圖], 가운데 밭을 가는 소 그림[牛耕圖], 아래에는 말을 끄는 그림[牽馬圖]이 있다. 前廊 동쪽 측년의 남벽 상단에는 연회하는 그림[宴居圖]와 어린아이가 비둘기 모양의 장난감 수레를 끄는 그림[童子牽鳩車]이 그려져 있고, 하단에는 씨름하는 그림[角觝圖]이 있다. 어린아이가 비둘기를 끄는 그림 위쪽에 묵서로 "公孫□□" 4자가 쓰여 있다.

유물로는 동경 파편, 鐵鏡, 石灰枕, 토기 등이 수습되었으나, 陶瓮 1건이 완전한 형태인 것을 제외하고는 손상이 심하다.

축조 시기는 묘실 구조와 벽화가 東門里와 비슷하기 때문에, 요양지역 벽화고분으로는 초기에 속하는 대략 2세기 중엽 이후(170~180년 이후)로 추정된다.

묘주의 신분은 한가롭게 각저희를 관람하고 있는 그림으로 미루어, 평안하고 여유로운 생활을 누릴 수 있는 위치에 있었음을 짐작할 수 있다. 더욱이 벽화에 나타나는 "公孫"이라는 묵서명으로 미루어, 당시 요동지역을 장악하고 있던 공손씨 집안의 귀족 출신일 가능성이 크다.

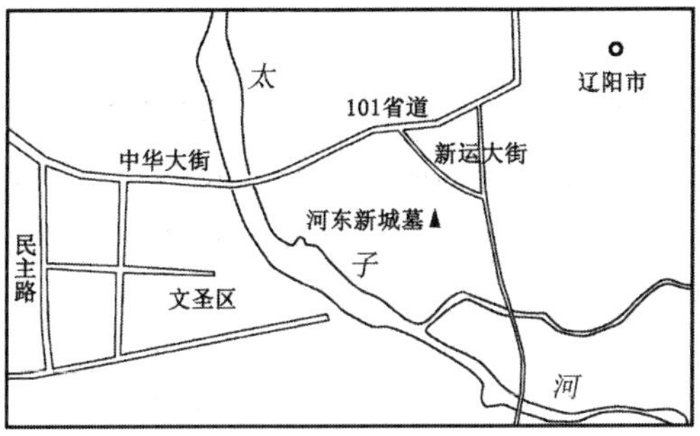

위치도

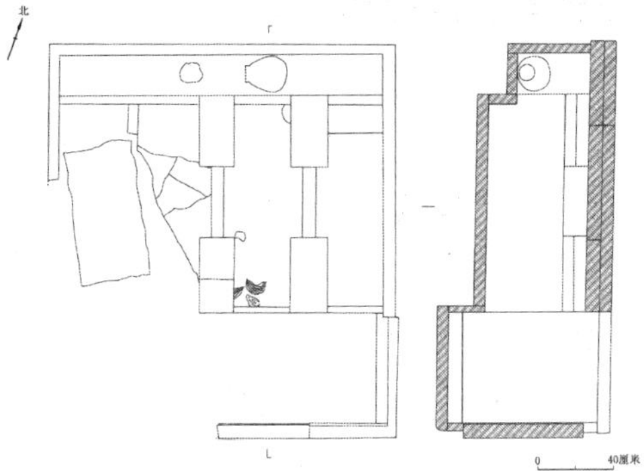

구조도

前廊東側南壁画

前廊東壁画

관실 후부

전랑

18. 滿洲棉花會社墓

1933년 滿洲棉花會社 경내 지하에서 발견되고 발굴되었다. 평면은 凸(역T)자형으로 전실·관실·후실로 구성되었는데, 길이 4.25m, 앞부분 폭 2.9m, 뒷부분 폭 1.74m이다. 묘실의 바닥은 후실로 갈수록 높아져(바닥에서 천정까지의 높이 1.6→1.26→1.1m) 후실은 명기대의 역할을 한다. 세 개의 기둥을 세워 관실을 양분하고 있는 점으로 미루어 2인 이상이 묻힌 것으로 추측된다. 벽화는 박락되어 후실에서 파편이 확인되었다.

조사 완료 후, 鞍山中學校 교정에 이전 복원했다고 한다.

梅木俊次, 「南滿洲遼陽附屬地發現の石棺古墳」, 『滿蒙』 15-6(170호), 滿洲文化協會, 1934

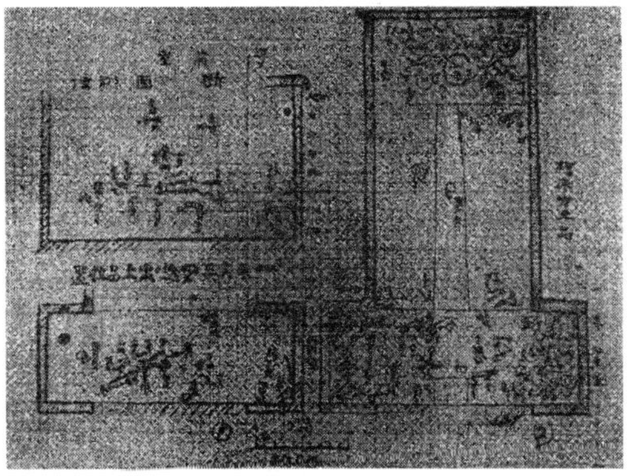

구조도

묘실 내부

19. 三道壕西晋墓

遼陽市 북쪽의 太子河區 삼도호촌에서 북쪽으로 약 500m 지점에 위치한다. 1983년 5월 요양시문물관리소에서 요양시 북쪽의 삼도호촌 북쪽의 窯場 고분군을 발굴하는 과정에서 발견되었다. 평면은 '工'자형으로, 전후 길이는 4.84m이고, 좌우 넓이는 3.38m이며 높이는 1.8m이다. 묘실은 좌우 양쪽에 扇門이 있는 묘문·좌우 양쪽으로 이실을 가진 전랑·4개의 관실로 이루어진 묘실·좌우 양쪽으로 이실을 가진 후실로 구성되어있다. 천정은 평천정이다. 유물로는 陶罐, 銅鏡, 環首鐵刀, 은팔찌[銀鐲], 은비녀[銀發釵] 등 부장품 14점이 수습되었는데, 주로 後廊의 耳室과 棺床에서 발견되었다.

벽화는 없지만 묘벽에는 그림과 글씨가 새겨져있다. 문자는 45자가 식별 가능하다. 그 내용은 기년, 직관, 성씨, 지명 등에 관한 것이다. '七年八月', '西' 다섯 글자는 後廊 後壁 서쪽 끝에 새겨져 있는데, 첫 번째 관실 맞은편에 위치해 있다. '太康九年春三', '東' 일곱 글자는 후랑 후벽의 제2관실 맞은편 위치에 새겨져 있다. '孫度支□大好' 여섯 글자는 후랑 오른쪽 이실의 남쪽 벽에 새겨져 있다. '襄平'이라는 두 글자는 전랑 왼쪽 이실 벽의 중앙에 새겨져 있으며, 그 위에 '李李李'라는 세 글자가 새겨져 있다. '太康', '將軍' 네 글자는 제2관실의 서벽 남쪽 끝부분에 새겨져 있다. '太康九年' 네 글자는 제4관실의 서쪽에 새겨져 있다. '太康十年十月七日', '柱' 아홉 글자는 제3관실 동벽에 새겨져 있다. 태강이란 연호가 나오기 때문에 이 무덤을 태강묘라고도 한다.

선각화로는 제4관실 서벽 남단에 갑주를 걸친 武士像이, 제1관실 서벽 남단에는 날아오르는 새가 새겨져 있다. 새가 물고기를 잡는 장면과 사습을 사냥하는 그림은 제1관실 동벽의 남단에 새겨져 있다. 나머지 한 폭은 제1관실 동벽의 북단에 먹으로 그린 닭이다.

요양지역에서 비록 '永元十七年'명문이 있는 陶案과 '太康二年' 명문이 있는 瓦當이 발견되었으나, 고분 묘실벽에서 기년명이 발견된 경우는 삼도호서진묘가 처음이다. 문자가 많은 편이기는 하나, 규칙적인 나열이 아닌 혼잡스럽게 새겨져 있는데, 대개는 무덤 축조 시 직접 새긴 것으로 추정된다. 기년 문자에 등장하는 '太康10년(289)'이라는 연호로 미루어 이 고분의 축조연대는 西晉 武帝(司馬炎)시기임을 짐작하게 한다.

遼陽博物館, 「遼陽市三道壕西晉墓淸理簡報」, 『考古』 1990년 4기, 科學出版社, 333~336, 337

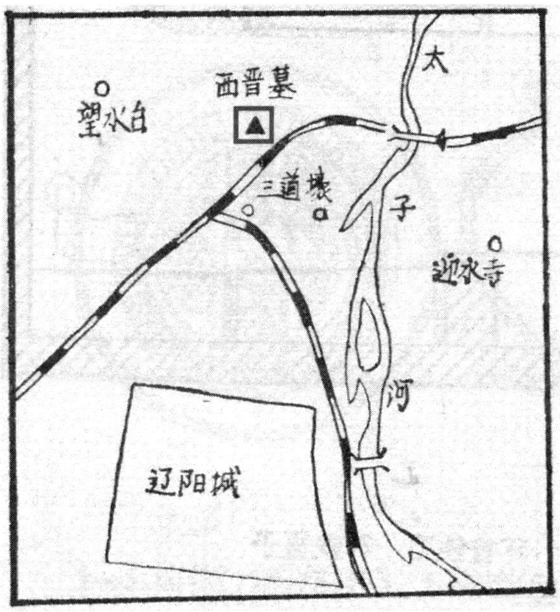

위치도

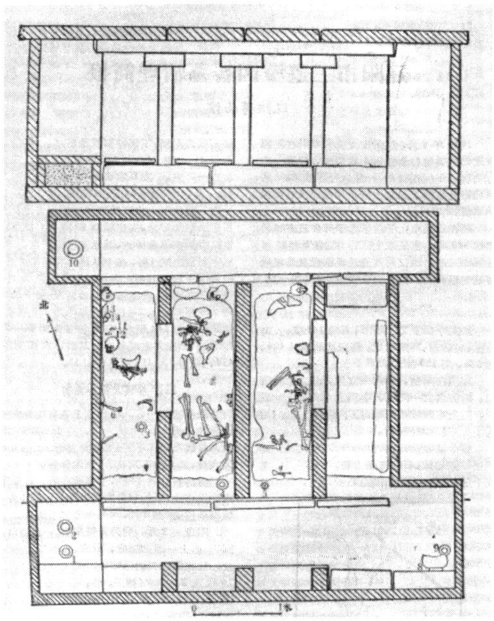

평면도

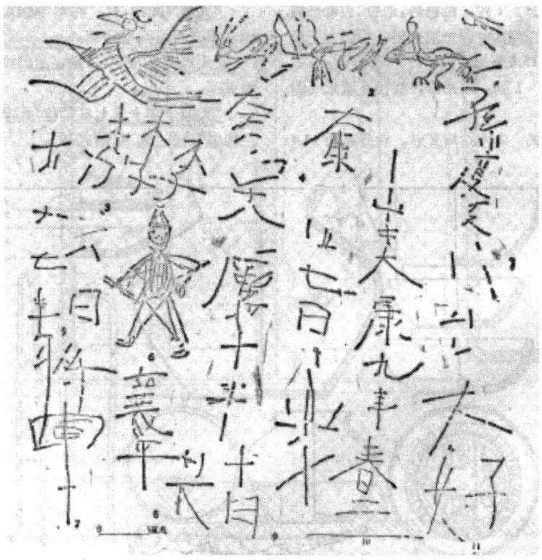

묘벽 석각 모사도

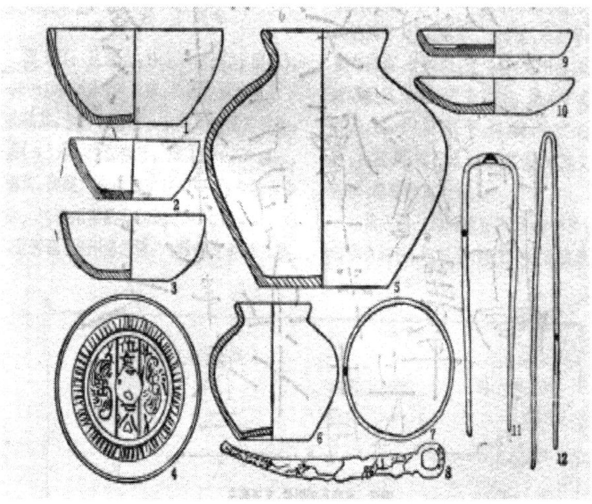

출토유물

Ⅵ. 맺음말

이상에서 요양지역 벽화고분에 대해 살펴보았는데, 그 과정에서 다음과 같은 점들을 확인하였다.

① 현재까지 알려진 요양지역 벽화고분은 모두 35기이며(그림을 새긴 삼도호서진묘 제외), 앞으로도 계속 발견될 가능성이 있다.

② 요양지역 벽화고분은 모두 판석으로 구축한 석실(곽)묘이며, 예외는 없다.

③ 묘실은 지하에 구축하였다. 다시 말해 먼저 묘광을 파고 그 속에 석실을 구축한 다음, 묘광을 메우고 흙을 덮어 분구를 만들었다.

④ 묘실의 구조는 'T'자형, '工'자형, 'ㅗ'자형 등 상당히 다양하다.

⑤ 하나의 묘실 내에서 여러 명의 인골이 출토되는 점으로 미루어, 추가장이 이루어졌음을 짐작할 수 있다.

⑥ 벽화의 주제는 생활 장면을 그린 것이 대부분이다. 그러나 묘주 생전의 삶을 그린 것은 아닌 것 같다. 운기문이나 괴수도는 무덤 내부가 사후세계임을 시사하기 때문이다. 다시 말해 묘주 사후의 삶을 그린 것이라 할 수 있다.

⑦ 축조시기는 2세기에서 4세기, 즉 동한후기에서 西晉시대까지로 추정되고 있다. 그리고 피장자를 漢人으로 보는 것이 일반적 견해이다. 그러나 고구려도 한때 요양지역을 장악하고 있었던 만큼, 고구려설에 대해서도 재고해 볼 여지는 있다.

◎ 부록

1. 요양지역 벽화고분 논저목록

강현숙,「중국동북지방 석실봉토벽화분의 지역특징」,『한국고고학보』43, 2000

_____,「高句麗와 中國 遼寧地方 魏·晉代 石室封壁畵墳 비교고찰」,『한국상고사학보』36, 2002

_____,『고구려와 비교해 본 중국 漢魏晋의 벽화분』, 지식산업사, 2005

전호태,「요양 위진 고분벽화 연구」,『미술자료』62, 1999;『중국 화상석과 고분벽화』, 솔, 2007

손수호,「상왕가촌 벽화무덤의 성격에 대하여」,『조선고고연구』1997-2. 사회과학출판사

郭大順,「遼陽壁畫墓群硏究ノ-ト」,『東アジア考古學論叢』, 奈良文化財硏究所, 2006

國家文物局 주편,『中國文物地圖集』遼寧分冊 上、下. 西安地圖出版社, 2009

東北文物工作隊,「遼陽市北郊新發現兩座壁畵古墓」,『文物参考資料』1955-7, 文化部社會文化事業管理局

東北博物馆,「遼陽三道壕兩座壁畵墓的清理工作簡報」,『文物参考資料』1955-12, 文化部社會文化事業管理局

穆鴻利 주편,『松遼文化』(中華地域文化大系), 內蒙古教育出版社, 2006

梁振晶,「遼陽電力設備有限公司東漢壁畵墓群」,『中國考古學年鑑』2005, 文物出版社, 2006。

劉未,「遼陽漢魏晉壁畫墓研究」,『邊疆考古研究』2, 科學出版社, 2004

劉志艷、李林,「獨具特色的遼東漢魏墓室壁畫藝術」,『芒種』2013-11, 沈陽市文學藝術界聯合會

徐光冀 主編,『中國出土壁畫全集』8-遼寧、吉林、黑龍江, 科學出版社, 2012

孫力楠,「遼东漢魏晋墓室壁畫的藝術成就」,『吉林藝術學院學報』2007-1

______,『東北地區公元2-6世紀墓葬壁畫研究』, 吉林大學博士學位論文, 2008

孫志奇,「略論遼陽漢魏壁畫的主要內容與文化蘊涵」,『沈陽師範大學學報(社會科學版)』2006-3

宿白 주편,『中國美術全集』繪畫編12-墓室壁畫, 文物出版社, 1989

______,「遼陽漢魏壁畫與遠古神話思想」,『理論界』2006-4, 遼寧省社會科學界聯合會

楊娜, 『遼陽北園一號墓墓室壁畫研究』, 東北師範大學 碩士學位論文, 2010

王增新,「遼陽三道壕發現的晉代墓葬」,『文物参考資料』1955-11

______,「遼寧遼陽縣南雪梅村壁畫墓及石墓」,『考古』1960-1, 科學出版社

______,「遼陽市棒台子二号壁畵墓」,『考古』1960-1, 科學出版社.

遼寧省文物考古研究所,「遼寧遼陽南環街壁畫墓」,『北方文物』1998-3, 北方文物雜志社

______________________,「遼寧遼陽南郊街東漢壁畵墓」,『文物』2008-10, 文物出版社

遼寧省地方志編纂委員會,『遼寧省志-文物志』, 遼寧人民出版社, 2001

遼陽市文物管理所,「遼陽發現三座壁畵墓」,『考古』1980-1, 科學出版社, 56-58.

劉萱堂,「中國集安高句麗壁畵墓與遼東,遼西漢魏晉壁畵墓比較研究」,『高句麗古墳壁畵』, 學硏文化社, 1997

李慶發,「遼陽上王家村晉代壁畫墓清理簡報」,『文物』1959-7, 文物出版社

李龍彬、馬鑫、王爽,「新發現的遼陽河東新城東漢壁畫墓」,『東北史志』2016-1, 東北史地雜誌社

李林, 「漢魏遼東壁畫墓分區與分期研究」, 『美術學研究』2(第五屆全國高校美術史學年會會議論文集), 東南大學出版社, 2011

______,「圖像銘記與祭奠空間ー以遼陽壁畫墓墓主畫像與明器臺(室)為中心」,『藝術探索』2013-4, 廣

西藝術學院
______, 「遼東壁畫墓的發現與与遼寧美術史特色教學改革研究」, 『美苑』2015-6, 鲁迅美術學院
李文信. 「遼陽北園畵壁古墓記略」, 『國立沈陽博物院籌備委員會匯刊』1947-1; 『李文信考古文集』, 遼寧人民出版社, 1992.
______. 「遼陽發現的三座壁畵古墓」, 『文物参考資料』1955-5, 文化部社會文化事業管理局; 『李文信考古文集』, 遼寧人民出版社, 1992.
______. 「遼陽市棒台子二號墓壁畵」, 『藝苑掇英』1978-3, 上海人民美術出版社, 1978
李新全, 「遼陽香港花園魏晉壁畵墓」, 『中國考古學年鑑』1996, 文物出版社, 1998
李智裕, 「遼陽漢魏壁畫所見樂器淺談」, 『博物館研究』 2011-2 (总第114期), 吉林省博物館學會 、吉林省考古學會
李海波、劉潼、徐沂蒙, 「遼陽苗圃漢魏墓地紀年墓葬」, 『北方民族考古』2, 2015
張小舟, 「北方地區魏晉十六國墓葬的分區與分期」, 『考古學報』1987-1, 科學出版社
田立坤、穆啓文、梁振晶. 「遼寧遼陽南郊街東漢壁畵墓」, 『文物』2008-10, 文物出版社.
鄭君雷, 「遼陽漢魏圖畫小識三則」, 『四川文物』 2005-3
趙東艶, 「漢末魏晉遼陽地區壁畫墓的分期」, 『遼寧經濟文化研究- 遼寧社會科學院建院五周年學術論文集』, 遼寧大学出版社, 1994
竹節, 「遼陽漢晉壁畫墓群」, 『遼寧大學學報(哲學社會科學版)』,1990-5
陳超, 『遼陽漢魏晋時期墓葬壁畵研究』, 吉林大学文学院 碩士學位論文 , 2008.
陳超, 「遼陽漢魏晉墓葬壁畫淵源研究」, 『文物研究』20, 安徽省文物考古研究所 , 安徽省考古学会 编, 科學出版社, 2013
馮永謙、韓寶興、劉忠誠, 「遼陽舊城東門里東漢壁畫墓發掘報告」, 『文物』1985-6, 文物出版社.
「遼陽魏晉壁畫墓及其出土遺物」, 『遼寧歷史文物』1973-10, 遼寧省博物館

駒井和愛, 「南滿洲遼陽における古蹟調査」, 『考古學雜誌』32-7, 考古學會, 1942
駒井和愛, 「最近發見にかかる遼陽漢代壁畵古墳」, 『國華』54-10, 國華社, 1944; 『中國考古學研究』, 世界社, 1952; 『中國考古學論叢』, 慶友社, 1974
駒井和愛, 『遼陽發見の漢代墳墓』(考古學研究 第1冊), 東京大學文學部考古學研究室, 1950
東潮, 「遼東と高句麗壁畵」, 『朝鮮學報』149, 1993; 『高句麗考古學研究』, 吉川弘文館, 1997
藤田國雄, 「遼陽發現の三壁畫古墓」, 『Museum』59, 東京国立博物館, 1956
林德男、林屋源之亟、北野正男, 「漢代繪畵の探求-遼陽壁畫の模寫作業」, 『世界美術全集』 月報14, 平凡社, 1952
梅木俊次, 「南滿洲遼陽附屬地發現の石棺古墳」, 『滿蒙』15-6(170호), 滿洲文化协會, 1934
濱田耕作, 「遼陽附近の壁畵古墳」, 『民族と歷史』6-1, 1921; 『東亞考古學研究』, 岡書院, 1930
三崎良章, 「遼東的漢魏交替ー從遼陽壁畫墓的角度」, 『中國魏晉南北朝史學會第九屆年會論文集』, 2007
三崎良章, 「遼寧省における魏晉時代の壁畵墓」, 『西北出土文獻研究』5, 西北出土文獻研究會, 2007
三崎良章, 「遼陽壁畵墓の現狀と研究の可能性」, 『西北出土文獻研究』2008年度特刊, 西北出土文獻研究會, 2009.
水野淸一, 「南滿洲遼陽出土の漢代琱玉」, 『東方學報』4 東方文化學院京都研究所, 1934
原田淑人, 「遼陽南林子の壁畵古墳」, 『國華』53-4(通卷629), 國華社, 1943
塚本靖, 「遼陽太子河附近の壁畫ある古墳」, 『考古學雜誌』11-7, 考古學會, 1921

八木奘三郎,「遼陽發現の壁畫古墳」,『東洋學報』11-1, 東洋協會調査部, 1921;『滿洲考古學』, 岡書院, 1928

Wilma Fairbank & Kitano Masao, Han Mural Paintings in the Pei-Yuan Tomb at Liao-yang, South Manchuria, *Artibus Asiae* 17-3/4, Aritibus Asiae publishers, 1954; *Adventures in Retrival*, Harvard yuniversit press, 1972

2. 요양지역 벽화고분 일람표

	고분명	별칭	소재지
1	小青堆子墓		遼陽市 太子河區 望水台街道 景爾屯村 小青堆子
2	上王家壁畫墓	上王家墓村晉代壁畫墓 上王家村墓 上王家晉墓	遼陽市 太子河區 望水台街道 上王家村 내
3	道西庄墓	道西庄壁畫墓	遼陽市 太子河區 望水台街 道西庄村 남
4	棒台子1號壁畫墓	棒台子壁畫墓 棒台子墓 棒台子屯壁畫古墓 大靑堆子墓	遼陽市 太子河區 原望水台中學 院內
5	棒台子2號壁畫墓		遼陽市 太子河區 望水台街道 棒台子村 1호묘 동남 1km
6	東台子墓		遼陽市 太子河區 望水台街道 望水台村
7	南台子墓		遼陽市 太子河區 望水台街道 南台子村
8	北園1號壁畫墓	北園墓, 北園壁畫墓, 北園壁畫古墓, 北園漢墓, 北園6號墓	遼陽市 白塔區 鐵西街道 合社區
9	北園2號壁畫墓	焦化廠墓	遼陽市 白塔區 鐵西街道 合社區
10	北園3號壁畫墓		遼陽市 白塔區 鐵西街道 合社區
11	北園4號壁畫墓	北園3號墓	遼陽市 白塔區 鐵西街道 合社區
12	三道壕1號壁畫墓	三道壕窯業第2現場 第1號壁畫墓, 三道壕壁畫墓	遼陽市 白塔區 鐵西街道 韓夾河村
13	三道壕2號壁畫墓	三道壕窯業第2現場 第2號壁畫墓	遼陽市 白塔區 鐵西街道 韓夾河村
14	三道壕3號壁畫墓		遼陽市 白塔區 鐵西街道 韓夾河村
15	令支令墓	三道壕窯業第2現場 令支令張君墓, 窯業2廠墓, 三道壕第2窯廠漢墓, 令支令張君墓	遼陽市 白塔區 鐵西街道 韓夾河村
16	車騎墓	三道壕窯業第4現場壁畫古墓, 窯業4廠墓, 冶建車騎墓, 第4窯業廠漢墓	遼陽市 白塔區 國建化工廠 院內
17	冶建化工分廠墓		遼陽市 白塔區 韓夾河村 三道壕
18	東門里壁畫墓	東門里東漢壁畫墓	遼陽市 文聖區 東順城路 151號路東
19	東門外墓		遼陽市 文聖區
20	南林子壁畫墓		遼陽市 白塔區 靑年大街 西段路 북
21	玉皇廟1號墓	玉皇廟壁畫墓	遼陽市 宏偉區 曙光鎭 玉皇廟 東
22	玉皇廟2號墓		遼陽市 宏偉區 曙光鎭 玉皇廟 西
23	玉皇廟3號墓		遼陽市 宏偉區 曙光鎭 玉皇廟 西
24	玉皇廟4號墓		遼陽市 宏偉區 曙光鎭 玉皇廟 西
25	鵝房壁畫墓		遼陽市 文聖區 東興街道 東城社區
26	峨眉壁畫墓		遼陽市 宏偉區 鵝眉村 동 1.5km
27	南郊街1號壁畫墓	遼陽電力設備有限公社廠區 東漢壁畫墓群	遼陽市 文聖區 南門街 遼麻社區
28	南郊街2號壁畫墓		遼陽市 文聖區 南門街 遼麻社區
29	南郊街3號壁畫墓		遼陽市 文聖區 南門街 遼麻社區
30	苗浦2號壁畫墓		遼陽市 白塔區 原遼陽林業科学研究院 苗圃院內
31	南環街壁畫墓	曙光壁畵墓	遼陽市 太子河區 香港花園
32	迎水寺壁畫墓		遼陽市 太子河區 東京陵 迎水寺村
33	河東新城壁畫墓		遼陽市 太子河區
34	南雪梅1號壁畫墓	南雪梅村壁畫墓	遼陽縣 小屯鎭 南雪梅村
35	滿洲棉花會社墓		遼陽市 白塔區
36	三道壕西晉墓	太康墓	遼陽市 白塔區 鐵西街韓夾河村

색 인